철학을
사용하는 법

와시다 기요카즈 지음 | **김진희** 옮김

일러두기

1. 이 책은 국립국어원 외래어 표기법에 따라 일본어를 표기하였다.

2. 인명은 첫등장 시 원어명을 병기하였다.
   *인명
     예) 니체Friedrich Wilhelm Nietzsche, 나카이 히사오中井久夫

3. 어려운 용어는 독자의 이해를 돕기 위해 주석을 달았다. 역자 주와 편집자 주
   외에는 모두 저자의 주석이다.
   *용어
     예) 아프리오리a priori(칸트 및 신 칸트학파의 용어로 경험적 인식에 앞선 선천
        적이며 선험적인 인식과 개념을 의미-역자 주)
        의사擬似 문제(언어를 논리적으로 잘못 사용하여 파생된 문제-편집자 주)

4. 서적 제목은 겹낫표(『』)로 표시하였으며, 그 외 인용, 강조, 생각 등은 따옴표
   를 사용하였다.
   *서적 제목
     예) 『인간본성론A Treatise of Human Nature』,
        『방법 서설Discours de la méhode』

머리말

이시카와 현石川県에 있는 어느 공립고등학교에서 '생각하기'에 관해 학생들에게 강연을 한 적이 있다. 강연을 들은 한 여학생이 쓴 감상문에 이런 문장이 있었다.

'철학이란 인간의 본질에 깊은 의문을 갖게 됐을 때나 그로 인해 고민에 빠지거나 상처받았을 때 이를 해결할 단서를 얻기 위한 한 가지 수단이 아닐까.'

얼핏 봤을 때는 철학에 대해 흔히 갖고 있는 이미지를 적은 것 같지만, 여학생의 글에 있는 한 표현에서 나는 눈을 뗄 수가 없었다. '해결할 단서를 얻는다'라는 표현이었다. 물음에 대한 답이 아니라 '단서'를 얻기 위해 철학이 있는 것 같다는 말이다.

정치와 경제 영역에서도 그렇고 육아와 간호, 나아가서는 예술적 표현을 할 때도 불확실한 상황하에서 어떻게 하는 것이 정답인지 모르는 채 일단 시작할 수밖에 없다. 정답이 하나인 것도 아니고, 모두를 만족시킬 수 있는 답이 있는 것도 아니고, 애당초 앞으로 자신이 알고자 하거나 만들려고 하는 것을 사전에 알 수도 없다. 답이 당장 나오지 않는, 혹은 답이 여러 개 있을 수 있는, 아니, 답이 있는지 없는지조차 알 수 없는 문제가 우리의 인생과 사회생활을 둘러싸고 있다. 이때 요구되는 것은 모르더라도 이것은 중요하다는 것을 아는 것, 그리고 모르더라도 모르는 것에 정확하게 대처하는 것, 바꾸어 말해 성급하게 결론을 내리지 말고, 답을 아직 찾지 못한 무호흡 상태에서 최대한 오래 견딜 수 있는 지적 내성을 습득하는 것이다. 이렇게 이야기했는데 내 강의를 들은 학생이 이 이야기를 그런 식으로 정리해주리라고는 상상도 하지 못했다. 무척 근사한 이해 방식이라고 생각했다. 왜냐하면 철학이 하는 중요한 일에 물음의 구조를 근본적으로 되묻는 것, 문제가 되는 사안을 바라보는 시점 혹은 접근 방식을 음미하는 것이 있기 때문이다.

사람에게는 도저히 '왜?'라고 묻지 않고는 참을 수가 없는 순간이 있다. 어째서 내 삶은 늘 이 모양인가? 이렇게 숨 막히는 이유는 무엇인가? 혹은 사람들 속에서 혹은 시대 속에서 어느 방향으로 나아가야 하는가? 어렴풋이 시대가 크게 바뀌고 있다는 느낌은 드는데 대체 무슨 일이 벌어지고 있는 것일까? 그 움직임 속에서 무언가 중심축이나 구조를 발견할 수 있을까⋯⋯? 이런 물음들이 때때로 고개를 쳐든다. 시대적 분위기에 대한 억누르기 힘든 불안과 위화감에 '시대는 전혀 예상할 수 없는 방향으로 흘러가고 있는 게 아닐까?' 하고 반문하고 싶을 때도 있다. 요컨대 물음을 던지면 던질수록 물음은 증식해가며 끝내는 지금까지 자신 또는 자신을 둘러싸고 있는 사람들이 자기 삶의 궤도를 그려오며 토대로 삼았던 '초기 설정', 혹은 자신이 지금까지 소속되어 온 사회가 기반을 두고 있는 '포맷'에 왜곡이나 오류, 잘못이 있는 것은 아닐까 하는 생각에 이를 근본부터 재점검하고 싶어지는 순간이 있다. 그리고 자신(우리)의 삶을 이에 비추어 이해하는 바로 그 '초기 설정'과 '포맷'을 다시금 의식의 도마 위에 올려놓고, 음미하고, 경우에 따라서는 이를 수정함으로써 보다 더 전망이 좋은 (단, 반드시 유쾌하다고는 할 수 없는) 장소에 서는 것, 그 과정으로서 철학은 존재한다.

　'철학이란 자신의 단서가 끊임없이 갱신되는 경험이다'—인생의 '초기 설정' 혹은 사회생활의 '포맷'을 다시금 되묻는 것을 모리스 메를로 퐁티Maurice Merleau Ponty는 이렇게 표현했다. '자신의 단서가 끊임없이 갱신된다'는 것은 그때까지 당연하게 여겼던 전제가 붕괴돼 불확실해진다는 의미다. 다시 말해 묻는 과정에서 물음이 해소되기는커녕 오히려 점점 증식되는 것, 말하자면 물음 자체에 일종의 지각 변동이 발생하는 것이다. 그런 의미에서 철학은 일시적인 해답을 얻기 위한 매뉴얼이어선 안 된다. 전제 자체를 따져 묻고자 하는 것이므로 문제 해결의 '단서를 얻는다'고 한 여학생이 쓴 프로세스에는 기정 매뉴얼이 있을 수 없다. 일단은 물음 속으로 뛰어들어야 한다. 그다음 프로세스를 헤쳐나갈 지적 내성은 묻고 또 묻는 과정에서 비로소 습득할 수 있는 것이다. 철학을 어떻게 사용할 것인지를 생각하는 이 작업은 그러므로 '철학 안티 매뉴얼'이 되는 것부터 시작하고자 한다.

목차

제1장
철학의 입구

1. 철학의 문 앞에서

철학은 학문일까?

철학이란 사안을 끝까지 깊이 생각하는 것이라는 암묵적인 이해가 존재한다. 사안을 보다 기본적인 시점에서부터 재파악하는 것이라는 막연한 이미지이다. 마찬가지로 철학적 사고라고 하면 누구나 '근원적'이나 '근본적'과 같은 단어를 떠올린다. '근원적'이란 독일어로 ursprünglich, 즉 '원천Ursprung으로 되돌아가다'란 의미이다. 그리고 '근원적'은 영어로 radical, 글자의 뜻은 '뿌리radix', 나아가서는 '철저하게'라는 의미이다. 보다 기초적인 차원에서 사안을 재파악한다는 의미에서 철학은 확실히 깊이 묻고 생각하려고 한다. 하지만 철학은 동시에 바로 그 '깊이'라는 것 자체도 문제로 삼는다. 사고가 '깊다'는 것은 어떤 의미일까? 깊은 곳으로 하강하면 여기가 바로 제일 밑바닥이라고 할 만한 곳에 정말로 도달할 수 있나? 그러한 '기저' —궁극의 '근거Grund' 내지는 '기반fundamentum'— 같은 것이 정말로 존재하는가? 오히려 그런 환상 같은 것이 철학을 지탱해온 것이 아닐까? '깊이'라는 사고방식 자체를 비판적으로 음미하는 것 또한 철학은 줄곧 동시에 행해왔다.

이러한 철학적 사고에 다가서고자 할 때 사람이 먼저 부딪히게 되는 물음은 철학은 애당초 연구 대상이 될 수 있는 하나의 학문인가 하는 문제일 것이다.

보통 학문이라고 하면 먼저 대상이 되는 영역을 확정하고 연구 방법을 명시함으로써 해당 학문을 정의하는 것부터 시작된다. 실제로 대학에 있는 여러 학과의 강의는 의학과 생물학에서 수학, 법학, 경제학, 언어학에 이르기까지 모두 일단 해당 학과를 정의하는 것부터 시작한다. 이것은 어떤 학문이고 어떤 방법으로 묻고 분석한다는 식으로 말이다.

그런데 철학의 연구 대상이 되는 것은 자연 철학, 역

사 철학, 수리 철학, 과학 철학, 법 철학, 경제 철학, 종교 철학, 예술 철학, 나아가서는 가치 철학, 인식 철학, 존재 철학…… 등 하나씩 열거해보면 알겠지만 뭐든지 다 된다. 특정 대상 영역이라는 것이 철학에는 없다.

또 방법도 천차만별이다. 과거에는 관념론과 실재론, 유심론과 유물론, 합리주의와 경험주의가 있었고 현대에 이르러 마르크스주의 철학에서부터 논리실증주의, 프래그머티즘, 분석 철학, 현상학, 해석학적 철학, 여기에 시스템 이론과 구조주의 이론, 기호학 등이 더해졌다. 각각의 유파가 각자의 방법론을 갖고 저마다의 세계상을 논쟁한다. 철학이란 이름하에 누구나가 따르는 보편적 방법이란 것은 존재하지 않는다. "철학이란 무엇인가?" 하고 물으면 한 사람 한 사람의 대답이 다 다른 상황이 발생한다. 조금 과장하자면 철학자의 숫자만큼 철학의 정의가 존재한다고 할 수 있을 정도이다.

하지만 이렇게도 말할 수 있다. 의학을 예로 들자면 의학이란 무엇인가? 병을 고치는 것이라면 그럼 병이란 무엇인가? 신체 기능의 부전 또는 고장, 기능 저하를 의미하는가? 애당초 신체를 바디(물체) 중 하나로 파악하는 것이 가능한가? 또 '마음의 병'의 경우 고친다는 것은 무엇일까? 정말로 마음의 병을 치료한다는 것은 트러블이 발생한 그 삶의 장소로 돌아갈 수 있도록 만들어주는 것을 의미할까? 이런 물음이 들기 시작했다면 이미 철학의 범주에 속한다고 할 수 있다. 의학에서 철학 영역으로 넘어간 것이 아니라 의료가 철학을 시작한 것이다. 또 다른 예로 역사학을 들어보겠다. 과거에 있었던 일, 애초에 현존하지 않는 것, 즉 검증이 거의 불가능한 것을 과학이라고 할 수 있을까? 그런 의문이 들기 시작했다면 이미 철학의 사상 영역으로 들어왔다고 할 수 있다. 정치학 및 경제학과 철학을 비교하더라도, 의학과 공학, 물리학, 예술학, 언어학과 비교하더라도 마찬가지이다. 정치 혹은 경제란 어떤 현상인가? 기술이란 무엇인가? 좋은 기술이나 나쁜 기술이란 것이 과연 존재하는가? 물질이란 무엇인가? 운동이란? 시간과 공간이란? 이런 물음을 던질 때 애초에 이것들이 '존재한다'고 하는 것은 같은 의미일까? 아니, 애초에 무언가가 존재한다는 것은 어떤 것일까? 예술이란 '미美'의 창조라고 할 수 있는가? 또 '언어란 무엇인가?' 하고 언어에 대해 언어로 묻는 것은 언어의 본질에서 벗어나는 것이 아닌가? 나아가 이들을 논하는 것이 현존하는 지식의 그물망에서 어떤 위치를 점유하는지에 대해서도 묻는다.

철학은 이처럼 사람이 평소에 갖고 있던 이해 구조와 서술 구조 자체에 대해 추궁한다. 나아가 이처럼 추궁하는 철학적 작업 자체에 대해서도 추궁한다. 이는 무언가에 대해 말하면서 그 말 자체의 타당성과 근거를 묻는 것이다. 말하자면 메타 레벨의 물음이다. 철학이 '지혜의 지혜'라고 불리는 까닭이고, 학문의 가능성 자체에서부터 다시 논해 학문의 토대를 마련하는 '기초학 Grundwissenshaft'이라고 불리는 까닭이다.

그러한 과학기초론으로서 철학은 일단 아카데믹한 활동의 기초에 있는 것이라고 할 수 있지만 그렇다고 상아탑 안에만 틀어박혀 있는 것은 아니다. 눈에 확 띄지는 않지만 현대에는 예를 들어 생명과학과 기술 및 선진 의료의 윤리적 문제에 관여하고, 정보 윤리와 공학 윤리, 기업 윤리, 나아가서는 연구 윤리 자체에도 관여한다. '응용 철학', '응용 윤리학'이라고 불리는 철학분야이다. 이 분야는 과학 연구 및 교육을 둘러싼 국가와 자치체의 심의회와 전문위원회에도 참가하고 있다. 사소하지만 때로는 이것을 가지고 사회 현실에 관여하고 있다는 착각을 하기도 한다.

하지만 한편에는 '철학은 학문이 아니다. 적어도 학문 중 하나는 아니다'는 의견도 있다. 이 의견에 따르면 철학은 사람이 사람으로서 살아가기 위해 혹은 인간이 다른 사람들과 함께 사회생활을 영위하기 위해 배제할 수 없는 정말로 중요한 것은 무엇인지를 묻거나, 사람이 사람으로서 절대로 잃어서는 안 되거나 해서는 안 되는 것이 무엇인지를 밝히는 것이다. 그런 의미에서 철학은 학문이라기보다 사람들의 생활 자체를 소위 중심축이자 척추로서 지지해온 것이고 사회 구축 이념으로서 내걸어온 것이다. 그것을 재확인하는 작업으로서 또 그것을 미래에 제시하는 것으로서 철학이 존재한다고 보는 것이다.

그런 의미에서는 예를 들어 경영을 할 때 '이것만큼은 절대로 양보할 수 없다. 이것이 없으면 이 회사는 더는 존립할 수 없다!'는 사시社是(기업 아이덴티티)를 관철하고 있다면 그 기업에는 철학이 있다고 할 수 있다. 실제로 새로운 산업 및 자본주의 육성과 근대화 추진에 착수한 메이지 시대明治時代(1868~1912년. 일본의 개화기-역자 주)의 기업가에게는 철학이 있었다. 지금 이 사회에 당장 필요한 것은 무엇인지를 물었고 개인 이익의 확대보다 그러한 공공적 니즈의 탐구가 기업가의 마음을 더 사로잡았다. 그것이 단순한 비즈니스 찬스로 눈에 비치지는 않았던 것이다. 마찬가지로 요리의 경우에도 '이것만큼은 타협할 수 없다. 무언가를 먹는다 혹은 섭취한다고 하는 건 이런 것이라는 걸 보여줄 수 있는 음식을 만들겠다!'는 요리사가 있다면 그에게도 철학이 있다고 할 수 있다. 자유·평등·박애를 국가의 기본으로 삼고 있는 국가도 그러한 이념=철학을 뼈대로 구성되어 있다고 할 수 있다. 아카데미즘 철학연구자들은 논리적으로 확실한 기초가 없다는 이유로 이것들을 단순한 인생론, 처세론,

세계관에 지나지 않는다고 잘라 말하기도 한다.

철학에 관한 오해──'철학 학급'을 중심으로

　철학에 대해 지금까지 커다란 오해가 하나 있었다. 철학의 주제는 현실과 동떨어져 있다는 오해이다. 인식론, 존재론, 형이상학……. 철학의 주제는 딱히 그것이 없어도 살아가는 데 지장이 없는 추상적인 것으로 넘쳐난다는 인상이다. 실제로 근원으로 돌아가 생각해보고 싶은 마음에 철학 서적을 펼치더라도 첫 페이지부터 '여기에 쓰여 있는 내용이 지금 내 삶과 어떤 관련이 있는지 전혀 모르겠네. 애당초 무엇을 문제로 삼고 있는지조차 파악이 안 돼……!'라는 생각이 드는 사람이 아마도 더 많을 것이다.

　유럽의 철학 실상은 이와는 상당히 다르다. 유럽이 구축해온 철학의 전통적 사고는 일본에 형성되어 있는 이미지와는 달리 존재론, 형이상학, 인식론 이상으로 사회철학으로서의 성격도 짙다. 소크라테스Socrates는 진리와 존재와 미美에 대해서도 논했지만 그와 동시에 정의와 우애와 교육과 국가에 대해서도 논했다. '철학자'들은 사람들의 사회생활을 어떻게 파악하고 어떻게 운영해갈 것인지에 대해서 그 기본이 되는 사상의 음미에 힘을 쏟아왔다. 로크John Locke의 정치철학 없이는 명예혁명 후의 영국사회를 생각할 수 없으며, 루소Jean-Jacques Rousseau의 『사회계약론Du contrat social』 없이는 프랑스 혁명과 '인권 선언'을 생각할 수 없다. 러셀Bertrand Russell은 벤담Jeremy Bentham에 대해 '벤담과 그 제자들의 중요성은 철학적이기보다 정치적이다. 영국 급진주의 지도자이자 의도치는 않았겠으나 사회주의학설로 이어지는 길을 마련한 사람으로서 중요한 의미를 지닌다'고까지 썼고, 그 후 사회주의 국가는 마르크스Karl Heinrich Marx의 철학 사상 없이는 존재할 수 없었다. 그 밖에도 『인간본성론A Treatise of Human Nature』을 저술한 흄David Hume은 영국사에 대해서도 기고했고, 순수이성을 논한 칸트Immanuel Kant는 윤리와 법과 영원한 평화에 대해 논했으며, 정신현상학의 헤겔Georg Wilhelm Friedrich Hegel은 법 철학과 역사 철학을 강의했다. 지금까지 유럽 철학은 정치 활동과 별개로 존재하지 않았다. 최근에는 미국에서도 촘스키Avram Noam Chomsky가 테러리즘과 미국이 시작한 '정의 전쟁'에 대해 신랄한 비판을 반복했다.

고대 그리스 시대에도 국정 발언은 왕성하게 이루어졌지만 특히 근대의 철학적 사고에서는 '신권神權'과 '왕권'을 대신해 '인간의 이성'을 법정으로서 사회를 조직해 나가는, 그러한 시민사회의 기반으로서의 역할을 각개인에게 맡겨왔다. 예를 들어 데카르트Rene Descartes는 『방법 서설Discours de la méhode』의 첫머리에서 '양식良識(bon sens)은 이 세상에서 가장 공평하게 배분되어 있는 것이다!'라며 목청 높여 강조했다.

프랑스에서는 상급 공무원을 목표로 하는 학생이 행정대학원에서 공부하고 수료할 때 철학 논문을 쓰도록 의무화하고 있다. 공무원이란 한 명이라도 더 많은 시민이 행복해질 수 있는 사회를 목표로 공공 세계의 안녕을 위해 최선을 다하는 사람이라고 한다면, '행복이란 무엇인가? 좋은 사회란 어떤 사회인가?'에 대한 식견이 없는 사람에게 행정을 맡기는 것만큼 위험한 일은 없을 것이다. 따라서 그러한 공무에 종사하고자 하는 사람에게는 철학 수업을 부과한다. 이것은 늘 공공의 것 전체를 두루 살피는 '교양'이라는 이름의 철학 공부를 교육의 기둥으로 생각한다면 당연한 일이다. 모의시험 성적이 좋은 학생에게는 의사나 상급 공무원을 목표로 하라고 권하는 일본의 수험 교육과는 너무나도 대조적이다.

이것은 유럽의 중등교육에서도 같은 이념에 근거해 기본 과목의 하나로서 '철학 학급'을 중시하는 것을 통해서도 알 수 있다. 프랑스 리세Lycée(고등학교)에서는 최종 학년la terminale 때 문과 계열 대학에 진학하고자 희망하는 학생은 주 8시간 '철학' 필수수업을 들어야 한다. 이과계열 대학에 진학하고자 하는 학생에게도 주 3시간의 철학 수업을 부과한다. 그리고 바칼로레아Bac-calauréat(대학입학 자격시험)에서는 시험 첫날 1교시 때 4시간에 걸쳐서 철학 시험을 본다. 시험은 논술식으로 예를 들어 2012년 시험 내용은 '일을 통해 얻을 수 있는 것은 무엇인가?', '신앙은 모두 이성과 대립하는가?'라는 두 가지 문제 중 하나를 선택해 논하거나, 또는 스피노자Baruch de Spinoza『신학 정치론Tractatus Theologico-Politicus』의 한 구절을 주해하는 것이었다. 참고로 지금 내가 가지고 있는 수험참고서 중 하나(Philosophie terminals S et ES, 2004)는 아래 주제들을 논술 예제로 들고 있다.

'욕망은 인간의 본질이라고 주장할 수 있는가?'

'예술 작품이 상업 거래 대상이 되는 것은 옳은 일인가?'

'사람이 신앙을 갖는 것은 무지하기 때문인가?'

'역사가에게 필요한 것은 기억뿐일까?'

'과학은 철학을 필요 없게 만드는가?'

'의견의 다양성은 진리의 추구를 방해하는가?'

'바르게 사고하기 위해서는 무언가를 좋아해서는 안 되는가?'

'가장 좋은 통치란 가장 적게 간섭하는 통치일까?'

'관찰력이 뛰어난 것은 행복에 방해가 될까?'

'사람이 의무를 다하는 것은 다른 사람의 시선이 무섭기 때문일까?'

이러한 과제를 부과하는 것은 로직logic, 즉 언어이자 논리인 로고스logos가 사회를 형성하는 기본이라고 생각하는 전통이 서구사회에는 있기 때문일 것이다. 서구에서는 언어가 교양과 사교와 정치의 기초, 즉 사회생활의 기초라고 생각해왔다. 따라서 철학이라 불리는, 자신들이 평소에 쓰는 언어에 대한 음미가 사회생활의 기초를 이룬다고 생각한다. 그러한 작업이 '신권'과 '왕권'을 대신해 '인간의 이성'을 시민의 무기로 만들면서 근대라는 시대를 뒷받침해왔다. 철학이 중등교육에 포함되어 있는 것이 명백한 그 증거이다. 시민의 권리와 의무를 다하기 위한 기초적 능력으로서 '철학하는 것'이 자리매김하고 있는 것이다. 실제로 실패와 후회, 아픈 경험을 통해 사람들이 지켜야 하는 것으로 합의하고 함께 만들어온 가치에 관한 정리된 담론 텍스트가 그 무기 창고라고 할 수 있다.

방법에 관해서도 똑같은 말을 할 수 있다. '반성'과 '내성'이 철학 방법으로 생각되어왔지만 그 이상으로 '대화'라는 다양한 경험을 대조하는 방법이야말로 대립하는 의견을 동시에 납득시키는 로고스의 부상浮上의 장場—
대화란 본디 '이치를 함께 나눈다'는 뜻이다—으로서 생
각되어왔다는 사실을 잊어선 안 된다.

그렇지만 앞서 말한 리세의 철학 교육에도 문제가 없
는 것은 아니다. 특히 바칼로레아에서 중시되는 과목인
만큼 수험 교육이라는 취지가 강해 해답 요점과 인용해
야 할 철학자 저술 명언집과 예제집으로 이루어진 참고
서 등이 다양하게 간행되고 있다. 그리고 무엇보다도
채점할 때 '철학이라는 영역의 틀 안에서 철학 고유의
문제 취급 방법을 준수하며 논의를 전개할 것' 그리고
'참고해야 할 저작을 정확하게 인용할 것'이 무엇보다
중시되므로 시험에서 평가되는 사고력은 '독창성과 창
의성'이 아니라 '형식 습득과 반복으로 획득된 것'이라고
판단된다. 그런 의미에서 프랑스 철학 교육은 '규율과
훈련의 한 형태'로서 교육 과정에 포함된 것이라고 사카
모토 다카시坂本尚志는 지적한다(「바칼로레아 철학 시험은 무엇을
평가하고 있는가?—수험 대책 참고서를 통한 고찰バカロレア哲学試験は何を評価し
ているか?—受験対策参考書からの考察」, 『교토대학 고등교육연구京都大学高等教育研

究』18호, 2012년). 즉, 일종의 암기과목이라는 것이다.

또 프랑스에서는 초등교육 단계부터 '받아쓰기Dictée (상업 및 행정 전문 교육에서는 compterendu라고 부르기도 한다)'를 중시한다. 그중에서도 주목하고 싶은 것은 교사나 강사가 말한 내용을 해당 강사가 사용하지 않은 단어로 요약하는 연습이다. 이는 이질적인 사고를 자신의 머리에 입력하는 연습, 바꾸어 말해 자신의 사고를 밖으로 표출하는 트레이닝이라고 할 수 있는데, 다른 한편으로 이것은 타인의 의견을 자신이 이해할 수 있는 언어로 치환해야만 받아들일 수 있다는 것이기도 하므로 자기 의견에 대한 고집으로 전향될 우려도 있다.

말하는 김에 덧붙이지만, 내가 주재했던 적이 있는 독일의 노르트라인베스트팔렌 주의 김나지움Gymnasium(중등교육기관) 최종 학년 학생에게 들은 이야기인데, 어느 학기 영어 기말시험 때 당일 발행된 영자신문 1면을 2가지 종류(미국 것과 영국 것)로 나누어 주고 논조 차이를 영어로 논하라는 문제가 제출됐던 적이 있었다고 했다. 이 시험은 논술 독해 능력과 현대 정치에 관한 생각, 외국

어인 영어 작문 능력을 종합적으로 테스트하고 있다. 철학 시험이 아니지만 철학적 사고의 기초적인 태도에 평가의 역점을 두고 있다고 판단된다. 종합적 사고력을 시험하기 위해 같은 주에 있는 초등학교 산수 정기시험에서도 예를 들어 엄마와 백화점에서 쇼핑했을 때의 총액을 계산하는 문제와 함께 계산 자체를 식이 아니라 독일어의 올바른 철자로 쓸 것, 또 어째서 많은 백화점이 도시 중심부에 위치하는지를 문장으로 설명하라는 문제가 설정되어 있었다.

철학은 일상생활에서 벗어나 시대의 어려움과 동떨어진 장소에서 하는 지적 작업이 아니다. 오히려 시대적 문제야말로 철학적 양상을 띠게 되어 있다. 환경 위기, 생명 조작, 선진국의 인구 감소, 개호介護(스스로 일상 생활이 힘든 고령자를 위한 간병 및 수발을 의미-편집자 주)와 연금문제, 식품 안전, 세계 경제, 교육 붕괴, 가정과 커뮤니티의 공동화, 성차별, 소수 집단의 권리, 민족 대립, 종교적 광신, 공공성의 재구축……. 이들 현대 사회가 안고 있는 제반 문제는 더 이상 과거처럼 정치 및 경제 레벨만으로 대응할 수 있는 사안이 아니다. 또 특정 지역과 국가에서 처리할 수 있는 문제도 아니다. 이들 문제는 소소한 제도 개혁으로 해결할 수 없다. 환경, 생명, 질병, 노화, 먹거리, 교육, 가족, 성, 장애, 민족에 관해 지금까지우리가 갖고 있던 사고방식 자체philosophy를 근본부터재검토할 것을 촉구한다. 바꾸어 말해 우리 사회와 문화의 가장 기본적인 형태를 다시금 재검토할 것을 요구한다.

헤겔은 '개인에 대해 말하자면 누구나 본디 이 시대의자식이지만, 철학 또한 그 시대를 사상으로 파악한 것이다'(『법 철학Grundlinien der Philosophie des Rechts』 서문)라고 말했다.철학은 학문 중 하나가 아니라 시대의 자기의식이라는것이다.

철학은 인간의 마음을 억압하는가?

철학은 적어도 현대 일본사회에서는 '철학 없이는 내

삶을 유지할 수 없어! 우리 사회가 굴러가지 않아!'라고 할 만한 것은 아니다. 철학은 마치 특수한 학술 연구처럼 생각된다. 철학이라는 게 있다는 건 그 나름대로 좋기는 하지만, 없어도 사는 데 아무 지장 없다는 것이 일반적인 생각이다.

확실히 너무나도 혼란스러워 장래가 내다보이지 않는 시대, 이러지도 저러지도 못하는 난제를 겹겹이 안고 있는 시대, 냉혹한 갈림길에 서 있는 시대, 그런 시대에는 누구나가 모든 것을 더 근본적인 부분부터 다시 생각하지 않으면 안 된다고 생각한다. 무언가 어떤 근원적인 시각을 통해 세계를 다른 방식으로 사상寫像해줄 좌표축으로서 철학과 사상을 찾는다. 한 가지 개념을 던지면 시대의 답답함이 속 시원하게 해결될 만한 혹은 투시하지 못한 채 정체되어 있던 여러 가지 아포리아 aporia(난제)가 한 방에 결정 작용을 일으킬 만한 그런 시각이라고 해도 좋다.

그런 의미에서 사람은 철학에 과대한 답을 요구한다. 자신이 여기에 있는 것을 납득시켜줄 수 있는 이유, 시

대가 어째서 이런 타개책 없는 상황에 빠졌는지에 대한
이유, 산다는 것의 의미, 행복의 의미, 역사의 의미, 또
는 도덕의 근거, 정의의 근거……. 그야말로 다양한 답
을 요구한다. 좌우간 의미에 대한 물음, 이유와 근거에
대한 물음, 혹은 살아가는 데 중심축이 되어주고 뼈대
가 되어줄 무언가를 사람은 철학에 요구한다. 평소보다
더 깊은 사색 방식을 철학에 기대한다.

하지만 다른 한편으로 사람은 철학에 거의 기대하지
않는다. 이것도 아니고 저것도 아니라며 계속 생각만
할 뿐 언제까지고 답에 도달하지 못한다. 이런저런 시
점이 있을 뿐으로 모두를 납득시킬 수 있는 일반적인
솔루션이 없다. 추상적인 원리만 이러쿵저러쿵 말할 뿐
구체적인 사례에 관한 확고한 지침을 제시해주지도 않
는다……. 그런 부정적인 말이 쏟아진다. '결론은 내지
않고 계속 논의만 하는' 기술이라든가, '남용을 위해 연
구된 술어의 체계적 남용'(윌리엄 제임스William James)이라는 야
유이다.

철학에는 이처럼 한편으로는 과도한 기대를 하고, 다

른 한편으로는 과소한 기대밖에는 하지 않는 면이 확실히 있다. 과도이든 과소이든 어쨌든 무언가를 기대하는 이 철학에 대해서는 아마 '이것이 철학 작업이다!'라는 하나로 통일된 이미지도 없을 것이다. 철학이라고 했을 때 떠오르는 것도 '경영 철학'과 '메밀국수 장인의 철학'에서 '분석 철학', '초월론적 철학'에 이르기까지 실로 잡다하다. 철학은 과연 학문 중에서도 가장 학문다운 기초적인 지성인지, 아니면 그 이름의 유래인 '지혜를 사랑하다'는 뜻처럼 그야말로 아마추어(애호가)의 지성인지, 더 심하게 말해 '정체불명 학문'인지……. 바꾸어 말해 일상생활 속 사상으로서 예를 들어 '남에게 도움이 되는 삶을 살자!'와 같은 한 사람의 삶의 방식이나 일에 관한 신념이나 신조를 의미하기도 하고, 한편 학문으로서는 물음을 반복해 던지며 깊이 생각하고 사안의 진상을 파헤쳐 진리를 규명하는 것, 즉 근원부터 재파악하는 것이란 이미지가 따라다닌다. 이런 양분된 시각으로 인해 사람은 철학의 입구에서 서성일 뿐 안으로 들어가지 못한다.

이 두 가지는 본래 서로 이어져 있어야 했다. 그런데 철학은 메이지 시대에(1868~1912년) 서구에서 유입된 이래 줄곧 이런 정반대의 이미지로 양분되어왔다. 실제로 인생의 중심축으로 삼을 만한 사상을 찾고자 철학책을 펼치더라도 첫 번째 줄에서부터 거기에 쓰여 있는 내용이 도대체 자신의 물음과 어떤 관련이 있는지 전혀 알 수 없는, 그런 엄청난 단절감에 압도되는 것도 드문 일이 아니다. 끌리지만 입구에서 튕겨져 나가고 만다.

여기서 다소 엉뚱하긴 하지만 사람이 가끔 마음먹고 미술관에 가는 이유와 비교해보는 것도 무익하지는 않을 것 같다. 사람이 미술관에 가는 데는 몇 가지 동기가 있다. 먼저 첫째는 전부터 줄곧 보고 싶던 것을 드디어 볼 수 있게 되어 가는 경우이다. 둘째는 지금껏 한 번도 본 적 없는 것이 보고 싶거나 혹은 자신의 머리에 들러붙어 있는 고정관념을 확 떼어줄 만한 충격을 경험하고 싶어서 가는 것이다. 셋째는 이것은 일단 봐두지 않으면 안 되겠다는 생각으로 가는 것이다. 즉 지금은 딱히 관심이 없지만 미술사의 중요한 흐름에 속하는 작품이므로 일단 봐두는 경우이거나, 다른 보조선을 자신의 시각에 그어 미술계에서 일어나고 있는 일 혹은 앞으로 일어날 일을 정확하게 파악하기 위해 한번 봐두는 것이다. 넷째로 또 다른 중요한 동기로서 그 장소에 자신이 있는 것 자체가 즐겁고 유쾌하다는 이유를 생각해볼 수 있다. 마지막으로 '심심풀이'란 이도 저도 아닌 이유도 생각해볼 수 있는데 이것은 여기서는 제외하기로 하고, 철학책을 펼칠 때도 앞서 언급한 네 가지 동기가 있을 수 있다고 생각한다(참고로 그 자체가 심하게 지반 붕괴되어 더 이상 '아름다움'이라든가 '쾌락'과 같은 관념으로는 도저히 윤곽을 그릴 수 없게 된 현대 '예술'의 정의에서도 철학과 같은 곤란한 문제가 발생하고 있다).

특히 넷째 동기는 철학에서도 상당히 강하다. 대부분의 철학책, 특히 고전은 한 번 끝까지 다 읽더라도(끝까지 다 읽는 것 자체가 어렵지만) 10~20%밖에 이해할 수 없는 것이 많다. 하지만 그럼에도 문득 또 책을 펼치게 되는 것은 읽는 사람의 가슴을 푹 찌르는 '매력적인 문구'가 도처에 있기 때문이다. 내게도 말할 수 없이 많지만 그중 최고를 몇 가지 꼽아보겠다.

나란 무엇인가? 나란 나 자신에 관계하는 관계이다. 즉 관계라는 것에는 관계가 자기 자신에 관계하는 것이란 의미가 포함되어 있다.

처음 이 문장을 접했을 때는 논리를 전혀 풀 수 없어 어안이 벙벙했지만 겨우 스무 살이던 나는 이 논리에 마음을 사로잡혔다. 나라고 하는 것을 지금까지와는 전혀 다른 지평에서 생각할 수 있는 가능성이 있다는 예감에 몸이 떨렸다. 키에르케고르Søren Aabye Kierkegaard의 『죽음에 이르는 병Sygdommen til Døden』의 첫머리에 나오는 말이다.

또 파스칼Blaise Pascal의 『팡세Pensees』에 도저히 남의 이야기로 보기는 힘든 경구가 나온다.

인간은 천사도 아니고 짐승도 아니다. 그리고 불행하게도 천사 흉내를 내려고 하면 짐승이 되고 만다.

인간이라는 존재에게는 역설이 늘 따라다닌다는 것

을 이 경구를 통해 배웠다. 이후 암기하게 된 철학자의 역설적인 경구는 셀 수 없을 정도로 많다.

마지막으로 오르테가 이 가세트José Ortega y Gasset의 『대중의 반역La rebelión de las masas』에 나오는 두 문장을 소개하겠다.

철학은 남에게 도움이 되기 위해 존재하는 것이 아니며 또 그것을 목표하지도 기대하지도 않는다. 철학은 자기 자신의 존재를 의심하는 것에서부터 시작되고, 그 생명은 자기 자신과 싸워 자기 생명을 얼마나 깎아 없애는가에 달렸다고 한다면, 어찌 철학이 자신을 진지하게 쟁점으로 다루어 달라고 요구하는 일이 있겠는가.

그것(자유주의)은 다수자가 소수자에게 준 권리이고 따라서 일찍이 지구상에서 울려 퍼진 가장 고결한 함성이다. 자유주의는 적과 공존할 뿐 아니라 약한 적과도 공존하겠다는 결의를 표명한다. 인류가 이렇게나 아름답게, 이렇게나 모순에 가득 차, 이렇게나 우아하고, 이렇게나 곡예적으로, 이렇게나 자연에 반하는 결과에 도달했다는 것은 믿기 어려운 사실이다.

전자는 이 책을 쓰고 있는 지금의 나를 뒤에서 고무해주는 말이고, 후자는 이것을 쓰고 있는 시점에서 우리 사회가 다시금 자세를 다잡고 재점검하지 않으면 안 되는 말이다. 철학은 현재의 나라고 하는 것을 놓지 않는 사고이고, 자기 사고의 한계 저편에 있는 타자의 사고와 접촉함으로써 자신을 미지의 물음의 세계로 데리고 가는 것이다. 바로 그런 예감에 사로잡히기 때문에 사람은 때로 전혀 의미를 파악할 수 없더라도 관중을 압도하는 가부키歌舞伎(음악과 무용, 기예가 어우러진 일본의 전통연극-역자 주)의 포즈처럼 결의에 가득 찬 문구에 사로잡혀 철학서를 다시 펼치게 되는 것이다. 여기서는 지해知解를 넘어서는 이해, 논리적 내지는 실증적 인식을 넘어서는 인식으로 철학이 스스로를 확장해나가는 모습이 엿보이는데 이에 관해서는 잠시 후에 논하기로 하겠다.

철학에 초대받고 문전박대당하고······

철학은 소크라테스와 함께 '영혼의 양식'으로 불렸다. 그 후 '학문의 여왕', '기초학', '근원으로의 회귀' 등으로도 불렸다. 최근에는 '개념 창조'라고 불리기도 한다. 하나같이 사람의 마음을 사로잡는 규정이다. 하지만 막상 철학 세계를 접하고 제일 먼저 당황스러운 것은 철학이 사람의 마음을 묻지도 따지지도 않고 복종하게 만들면서, 그 핵심 혹은 방법은 어렴풋하게밖에 알 수 없다는 것이다.

철학은 제아무리 유치해 보이는 물음이나 제아무리 부조리해 보이는 물음, 그리고 답이 있을 턱이 없는 물음조차도 결코 외면하지 않는 담론의 장을 사람들 사이에 만드는 것이어야 한다. 그런데 사람은 철학서를 펼치기가 무섭게 거부당하는 듯한 느낌을 받게 된다. 철학에 초대받음과 동시에 문전박대당한 기분을 느끼게 되는 것은 왜일까? 철학을 동경하지만 결국 많은 사람이 철학을 경원하게 되는 것은 왜일까?

텍스트로 입문한다고 해도 철학의 기술 형식이 모두 논문과 논고인 것은 아니다. 고전 문헌으로 남아 있는 저술을 돌아보더라도 일기문, 고백문, 시문과 잠언, 나아가서는 대화문까지 그야말로 다채롭다. 상황이 이렇다 보니 철학 공부를 시작하기에 앞서 '철학한다는 게 뭐지? 대체 무엇부터 시작해야 하지?' 하는 물음에 먼저 직면하게 된다.

대체 어디서부터 손을 대야 하나……. 철학 '초심자'는 '전문가'에게 그렇게 묻고 싶을 것이다. 먼저 무엇을 읽어야 하는지 묻고 싶을 것이다. 철학 입문서를 펼쳐 본다. 하지만 어느 입문서에도 철학이란 무엇인지 명시적으로 적혀 있지 않다. 입문서가 아니라 원전을 대면해 보면 무언가를 깊이 추구하고 있다는 박력은 문장에서 느껴지지만, 막상 읽기 시작하면 개념이 이해할 수 있는 수준 너머에 있어 거기에 쓰여 있는 내용이 자신의 물음과 어떤 연관성이 있는지 통 알 수가 없다. 그렇기는커녕 자신의 물음을 거절하고 있는 것처럼 느껴져 계속 읽지 못하고 단념하는 경우가 많다. 그리고 무엇보다 무서운 것은 어느 철학자든 자신의 철학서를 '철학은 무엇부터 시작하면 되는가?'에 대한 해설이 아니라 '초심자'가 품고 있는 바로 그 물음에서부터 시작한다는 것이다. 철학의 고전을 꼽을 때 반드시 포함되는 데카르트의『철학의 원리Principia philosophiae』도 그렇고 —라틴어 principium(원리)는 원래 '시작'이나 '단서', 즉 beginning을 의미한다—, 헤겔의『논리학』도 그렇고, 프래그머티즘 대표자 윌리엄 제임스의『철학의 근본 문제Some Problems of Philosophy: A Beginning of an Introduction to Philosophy』도 그렇다. 현상학을 창시한 후설Edmund Husserl은『엄밀한 학문으로서의 철학Philosophie als strenge Wissenschaft』에서 '철학은 아직 학문으로서 시작조차 되지 않았다'고까지 했다. 나아가 니체Friedrich Wilhelm Nietzsche에 이르러서는 '우둔함을 꾸짖는 것'이라며 철학을 비판했다(니체는 진리만을 중시하는 사고방식을 비판하고, '자신의 교만함을 야단치기 위해 자신을 낮추고, 지혜를 비웃고, 자신의 우둔함을 모두 앞에 드러내는 것을 중시'했다-역자 주). 이렇게 살펴보면 '철학'이란 확고한 사고 절차가 있어서 그에 따라 사고하면 그만인 것은 아무래도 아닌 듯하다. '철학'하고자 할 때 먼저 부딪히는 것은 철학이란 본디 어떤 것을 하는 것인가라는 철학 자체에 대한 물음이다. '철학은 ~이다'가 아니라 '철학이란 무엇인가?'라는 물음에서부터 시작된다. 앞서 언급했던 메를로 퐁티의 '철학이란 자신의 단서가 끊임없이 갱신되는 경험이다'라는 규정도, 요컨대 처음이라고 생각했던 것이 이제는 시초가 아님을 몸소 안다는 것이다. 자신이 지금부터 시작하려고 하는 것이 무엇인지 알 수 없는 그야말로 기묘한 학문이다.

철학은 말하자면 맨손으로, 전제 없이, 그 작업을 시작하는 것이다. 이는 즉 어떤 명제든 사전에 타당한 것으로 간주하지 않는다는 뜻이기도 하다. 따라서 철학에는 초심자도 전문가도 없다. 철학은 오히려 초심자이길 자처한다. '왜?'라는 물음을 연발하는 아이들과 연대하려고 한다……. 실로 신비로운 지적 작업이다.

그래서일까? 헤겔은 자신이 쓴 논리학 관련 서적을 '철학에 관해 사전에 일반적인 관념을 제시하는 것은 불가능하다'는 밑도 끝도 없는 문장으로 시작한다. 하이데거Martin Heidegger는 『철학의 근본적 물음Grundfragen der Philosophie』에서 '철학이 무엇인지는 근본적인 물음을 묻는 과정에서 비로소 규정된다'고 했다.

　이보다 더 사람을 놀리는 규정도 있다. '철학을 우습게 보는 것이야말로 진정으로 철학하는 것이다'는 파스칼의 주장이 그 전형이다. 이렇게까지 단언하지는 않았지만 '철학을 배울 수는 없다. 사람은 그저 철학하는 것을 배울 수 있을 뿐이다'는 칸트의 말도 이와 상통한다. 철학이 하는 일이란, 말의 기교로 마치 문제인 것처럼 제기된 물음을 쓸데없는 것, 무의미한 것, 즉 의사擬似문제(언어를 논리적으로 잘못 사용하여 파생된 문제-편집자 주)로 실효失效시키는 말하자면 '파리를 잡는 장치'와 같다는 비트겐슈타인Ludwig Wittgenstein의 지적도 있다(비트겐슈타인은 거짓 문제를 제기하고 그것을 해결하려고 노력하는 철학자들을 파리 잡는 장치에 빠진 파리에 비유했다-역자 주).

일상에 생긴 균열?

이처럼 철학은 무엇인지 파악하기 어려운 한편, 철학 문구를 몇 가지 접하고 당연하게 여기고 있던 세상의 풍경에서 균열 같은 것이 엿보여 그 너머에 무언가 엄청난 사고의 풍경이 펼쳐져 있을 것 같은 느낌에 오싹해지는 것도 그리 드문 일이 아니다. 예를 들어 나는 곧잘 철학 강연 초반에 이런 예를 든다. "신체라고 하는 것은 사실 이미지像와 같은 것입니다." 그러면 수강자들은 "응?" 하며 일제히 어리둥절한 표정을 짓는다. 곤혹스러워하지만 다음과 같이 이야기를 계속한다.

서양의 사상 전통에서 대개 신체는 '물체body · corps' 중 하나로서 '마음' 및 '정신mind · esprit'과 대치되어왔다. 확실히 우리의 몸은 우리가 보고 만질 수 있는 물적 대상 중 하나이다. 몸은 물체로서의 밀도와 용적을 지니며, 때리면 소리도 난다. 이는 의심의 여지가 없는 것이므로 서양 과학 역사에서는 오랫동안 몸을 오로지 '기계' 모델에 따라서 의학과 생리학의 대상으로 분석해왔다. 하지만 새삼 생각해보면 사람의 몸은 물체치고는 지각 정보가 너무 부족하다. 구체적으로 말하자면 예를 들어 보이는 부분이 전체의 반절에도 미치지 못한다. 뒤통수와 등은 아무리 발버둥 쳐도 절대로 직접 볼 수 없다. 즉 나는 '나'의 몸을 전체적으로 볼 수 없다. '상像'으로서만 체험할 수 있다. '나'는 내 몸 없이는 존재할 수 없다. 아니, 애초에 '나' 자신이지만 전체로부터 정작 당사자인 나는 멀리 떨어져 있는 사태가 여기에 존재한다. 일찍이 니체가 '각자는 각자에게서 가장 먼 자이다'라고 했던 말은 몸에 가장 잘 들어맞는 말이다.

이 점에 대해 좀 더 면밀하게 살펴보자.

내 몸이라고 하는 것은 누구나 내 가장 가까이에 있는 것이라고 생각한다. 예를 들어 칼에 베인 고통은 나만이 느끼는 것으로 타인은 머리로는 이해하더라도 나 대신 아파해줄 수는 없다. 그런 의미에서 나는 내 몸이라고 할 수 있을 정도로 나는 틀림없이 내 몸 가까이에 있는 것 같다. 그런데 잘 생각해보면 내가 내 몸에 관해 갖고 있는 정보는 일반적으로 예상하는 것보다도 훨씬 빈약하다. 몸의 전체 표면 중 스스로 볼 수 있는 부분은 극히 한정적이다. 누구나 자기 몸의 내부는 물론이고 등과 뒤통수조차 직접 본 적이 없다. 하물며 타인이 나를 나로 인지하는 부분인 얼굴은 평생 볼 수 없다. 그리고 난감하게도 바로 이 얼굴에 자신으로서는 컨트롤 불가능한 자신의 감정과 기분이 표출된다. 말하자면 사람은 자신의 몸을, 소위 눈가리개를 한 채로 경험할 수밖에 없는 셈이다. 위험하게도 무방비하다.

몸은 다른 의미에서도 불안을 야기한다. 몸으로서의 '나'의 존재, 특히 감각과 욕망이라는 형태로 나타나는 이 현상은 '나' 스스로 컨트롤하기 힘들다. 혹은 병과 통증과 같은 신체 현상도 '나'에게는 느닷없이 닥치는 형태로 다가온다. 이에 대해 '나'는 늘 그저 수동적으로 당할 수밖에 없다. 이런 의미에서도 사람은 그것이 무엇인지 정확하게 이해하지 못한 채 몸의 다양한 정황에 대응해야만 한다.

몸은 이처럼 없으면 내가 '나'로서 존재할 수 없는 것이지만, 몸에 '나'는 늘 부분적으로밖에 관여할 수 없다.

몸은 '내'가 통제할 수 없는 것이다. 따라서 몸은 '나'에게 있어서 무엇보다도 불안을 야기하는 원천이다. 그리고 그것은 의식 밖에서부터 '나'에게 압력을 가한다(예를 들어 욕망, 혹은 신체 부전 및 질환). '나'를 찌르고(예를 들어 타인의 차가운 시선), 잡아끌고(예를 들어 수행이나 경기), 그리고 '나'에게 들러붙는다(예를 들어 권태나 피로)……. 이처럼 '나'는 몸이라고 하는 '나' 자신인 것에게 끊임없이 농락당한다.

우리의 신체 경험은 다양한 단편의 기악곡과 같다. 본 것이든 만진 것이든 내부에서 솟아난 것이든 우리는 자신의 몸에 관한 한 늘 부분적인 경험밖에 할 수 없기 때문에 이와 같이 단편적으로 파악된 신체 감각은 어떤 하나의 추상적인 신체 이미지를 연결고리로 해서 서로 연결될 때 비로소 하나의 완성된 몸으로 이해된다. 우리의 몸은 구멍으로 가득하고 빈틈으로 가득하기 때문에 환영이라고 부름 직한 '내 몸'이라는 '이미지像'를 나라는 존재를 파악하기 위한 경첩으로서 만들어낸다(참고로 프로이트Sigmund Freud는 자신의 논문 「무의식에 관하여Zur Einführung des Narziβmus」에서 정신분열증 환자는 종종 자신의 몸에 무수한 구멍이 뚫려 있다고 호소한다고 보고했다).

이로 인해 그때그때의 단편적인 신체 경험을 하나의 '이미지'로 꿰매어 통합하기 위해, 그리고 이를 통해 자기 존재의 통일성을 확정하기 위해, 우리 일상 행위의 많은 부분이 찢겨져 있다는 사실을 깨닫게 된다. 화장과 장식, 신체 변형, 문신, 자해 등의 풍습 및 행위도 이 '이미지'의 끝없는 절단과 재봉합의 시도로서 해석될 가능성이 나온다. 그때마다 이 '이미지'는 불안정하게 흔들렸을 것이기 때문이다. 그중에서도 옷을 입는 습관에 대해 생각해보자. 상상된 자기 '이미지'가 바로 우리가 몸에 두르는 최초의 의복이라면 옷은 더 이상 우리의 존재를 가리는 것이 아니게 된다. 옷은 오히려 우리 존재의 이음매 내지 경첩이라고 부를 법한 것, 아니, 더 직설적으로 말해 무엇보다 몸 자체가 의복이라고 할 수 있다. 이 '이미지'로서의 몸이 바로 '내'가 몸에 두르는 최초의 의복이기 때문에 우리 인간은 섬유를 만들어내기 훨씬 이전부터 피부를 마치 천인 것 마냥 찢고, 할퀴고, 선을 그려 넣기도 하고, 안료를 바르기도 하고, 이물

질을 삽입하기도 했던 것이다.

'이미지'로서의 몸의 취약함 때문에, 혹은 '나'의 존재와 '이미지'로서의 몸 사이에 발생하는 괴리와 불일치 때문에, 사람은 이를 메우기 위해 신체 표면에 끊임없이 개입하는 것이라고 하면, 여기에서 평소에는 딱히 물을 필요도 없었던 무수한 물음이 나온다. 예를 들어 신분증용 인물 사진이나 테이프에 녹음된 자기 목소리 등 자신의 육체적인 모습을 맞닥뜨리게 됐을 때 왜 강한, 그것도 부정적인 감정이 일어나는가? 사람은 왜 항상 자신의 바디 형태를 신경 쓰는가? 왜 몸에는 비밀스러운 곳 혹은 눈을 어디에 두어야 할지 몰라 난처할 만한 곳이 존재하는가? 유년기 교육에서는 왜 자신의 몸에 과도한 관심을 갖는 것을 위험하다고 보는가? 몸에는 왜 올바른 사용법이 정해져 있는 것인가? 우리는 왜 '자연' 상태 그대로의 몸에 만족하지 못하는가? 사람이 무술과 수행과 양생으로 단련하고자 하는 것은 몸의 어떤 기능인가? 또 병이란 무엇인가? 성이란 무엇인가? 애당초 '몸'과 '체體'와 '신身'에는 어떤 차이가 있는 것인가? 생각하기 시작하면 끝없이 이어지는 이 무수한 문제는 아무래도 모두 '내 몸'이 내 가장 가까이에 있는 미지의 영역이라는 사실에서 나오는 것 같다.

다시 한 번 말하자면 몸은 물체로서 지각되기에 앞서 환상되는 것이다. 몸이 body가 아니라니 상식을 뒤엎는 것만 같지만, 이런 식으로 몸으로서의 우리 존재를 '이미지'로서 재인식함으로써 우리는 앞서 말한 사고의 미지의 광경 내지 필드로 이행할 수 있게 된다. 이 균열을 아는 것이 사람을 불안하게 하지만 이로써 몸과 얼굴과 관련되는 여러 가지 것들에 어느 정도 수긍이 가기도 한다. 그리고 명백하게 이것은, 서양 철학이 고대 그리스 시대부터 계속 묻고 있는 신체(육체)의 문제, 크리스트교의 영혼과 육체의 문제, 그리고 근대 철학이 도마 위에 올려놨지만 지금도 그 쟁점에 아직 결판이 나지 않은 난문 중 하나인 심신心身 문제Mind-Body problem와 '(사적) 소유'의 근거에 관한 논의의 문 앞에 이미 서 있음을 의미한다.

또 이렇게 자신의 가장 내밀한 곳에서 깊은 균열을 발

견하고 나면 같은 문제가 계속 꼬리에 꼬리를 물며 등장한다. 이 최대 문제는 자신과 자신 사이에 있는 갈라진 틈이다. 자신이 자신을 의식할 때 이 두 개의 자신은 같은가 다른가 하는 문제이다. 애초에 자신에 대해 언급한다는 것은 어떤 것인가 하는 문제이다.

철학은 자신에게 지금 모습을 드러내고 있는 세계를 묻는 것, 같은 것이지만 세계에 대한 자신의 경험을 음미하고 반추하는 작업이다. 철학의 시작점에 있는 작업이 '반성reflection(즉 자신을 자신에게 비추는 것)'이라면 이는 철학이란 방법 자체에 관계되는 중대한 문제이다. 데카르트가 '나는 생각한다. 고로 존재한다'로 정식화한 문제도, 로크가 관념과의 관계로서 경험을 파악한 것도, 후설이 세계 분석을 의식이란 경험 분석으로 환원한 것도, 모두 이 (자기) 반성 내지 자기 언급이란 루프에 관계되는 사안이다. 이는 철학뿐 아니라 정보 이론 및 시스템 이론의 근간에서도 문제가 되는 사안이고, 나아가서는 자신이 자신으로서 여기에 존재한다는 감각을 느끼지 못하는 소외al?nation라는 심적 위기나 이인증離人症

(dépersonnalisation) 같은 정신 의학에서 다루는 현상과도 깊이 관련된다. 우리 몸에 생긴 균열, 그것은 이처럼 여러 학문의 핵심 부분과 직결되는 문제이기도 하다.

2. 철학의 종착점——하나의 예제

어디에서부터 시작할까?

다시 한 번 철학을 무엇부터 시작할 것인가 하는 문제로 돌아가겠다. 철학은 무엇부터 시작해야 마땅한가. 이것은 많은 철학자가 제일 먼저 집착하는 문제라고 앞서 말했다.

그 대표적인 예에 해당하는 헤겔의 『논리학Wissenschaft der Logik』은 대략 다음과 같이 논의를 전개한다.

이미 무언가의 매개가 되고 있는 것은 시작점이 될 수

없다. 시작점은 어떠한 전제도 용인되지 않는다고 한다면 논리학의 '시작점이 있다'고밖에 할 수 없다. 어떠한 내용도 어떠한 규정도 가지지 않는 이 '있다有'고 하는 것 자체에서부터 시작할 수밖에 없다. 다른 것과의 구별과 차이는 이미 매개이기 때문이다. 이 '있다'는 따라서 완벽하게 규정이 없는 단적인 직접성으로서의 '순수한 유有'이어야만 한다. 이는 자신의 내부에도, 다른 것에 대해서는 차이를 갖지 않는다. 따라서 내용이 없는 허공이고 무無이다. 한편 '무'는 아무것도 사고하지 않는 상태라는 식으로 무언가를 사고하는 것과 구별하는 한 어디까지나 사고의 안에 존재한다有. 이런 점에서 '순수한 유'와 동일한 것이 된다. 그렇게 되면 진정한 것이란 유도 아니고 무도 아니며 유가 무로, 무가 유로 '추이하고 있는' 것, 즉 서로가 그대로 그 반대의 안에서 '소멸'하고 있다는 것이 되는 셈이다. '유(있는 것)'와 '무(없는 것)'의 진리는 오히려 이 '한쪽이 다른 한쪽의 내부에서 소멸하는 운동', 즉 다름 아닌 '성成(되는 것)'에 있다.

이처럼 철학적 반성의 전체는 '원형 운동'을 하고 있

어 '최초의 것이 최후의 것임과 동시에 최후의 것이 또한 최초의 것이다.' 실제로 시작점으로 간주되는 '유'의 단적인 '직접성(=무매개성)'도 매개되는 것과의 구별을 포함하고 있는 한 실은 이미 반성의 안에 있으며, 그런 의미에서 이미 매개되었던 것이 사고 진행 과정에서 나타나게 된다. 그러므로 철학에 있어서는 전진은 오히려 후퇴, 즉 보다 앞선 것으로 돌아가는 것이고 근거에 도달하는 것이며, 근거 부여에 의해 비로소 앞서 도착점으로 간주했던 것이 자의적인 상정이 아니라 최초의 진리인 것이 명백하게 드러난다…….

'있다(ある)'와 '있다(いる)'

우리는 이미 좌절하기 시작했다. '직접성'이라든가 '규정성'이라든가 '유(존재)'라든가 '무'와 같은 술어에 좌절하기 시작했다. 우리는 평소에 이런 단어를 쓰지 않는다. 철학이 사람들에게 문전박대당했다는 기분을 느끼

50

게 하는 이유 중 하나가 여기에 있다. 철학적 논의에서 빈번하게 사용되는 개념과 술어의 어려움이다. '실존'이라든가 '실존성'이라든가 '초월론적'과 같은 개념, 혹은 '형이상학'이라든가 '변신론'이라든가 '가능적 세계론' 등과 같은 철학의 특수한 영역까지 거론할 것도 없이, '존재有'라든가 '무無', '생성成'처럼 그 단어를 입에 담으면 다소 철학스럽게 느껴지는 철학의 일반 개념조차 평소 우리가 일상적으로 사용하는 말이 아니다.

참고로 '존재'와 '무'와 '생성'은 각각 철학서 중에서도 특히 난해하기로 유명한 앞서 나온 헤겔의 『논리학』이란 저작의 제1권 「존재론」 제1편 제1장의 첫머리 3절의 표제이다. 또 제1권 머리말이라고 부를 법한 절의 표제도 일본어판 『헤겔 전집』(이와나미서점岩波書店)을 보면 「무엇을 학學의 시원始元으로 해야 하는가?」라고 되어 있다. '학의 시발점'이란 독일어로 'Anfang der Wissenschaft(영어로는 beginning of science)'라고 한다. 요컨대 '무엇을 학문의 시작점으로 삼아야 하는가?(학문은 무엇부터 시작해야 하는가?)'라는 뜻이다. 여기에서 beginning

이 '시원'이라는 짐짓 어려운 단어로 번역되어 있는 점에 놀라는 사람도 많을 것으로 생각되는데, 애초에 '존재', '무', '생성'에 해당하는 독일어는 Sein(영어로는 being), Nichts(nothing), Werden(becoming)로 평소에 누구나 쓰는 지극히 일상적인 단어이다. 각각 '있는 것', '없는 것', '되는 것'이라는 의미다. 즉 (서양) 철학에서는 사람들이 일상적으로 쓰는 말을 먼저 재정의한 다음 그 단어를 사용해 논리적으로 추론해 나간다. 평소에 아무 생각 없이 쓰는 일상용어를 재음미하는 작업이 철학적 사고 프로세스에 반드시 필요하다고 보기 때문이다.

그럼 왜 이처럼 사람들이 평소에 쓰지 않는 말로 번역해놓은 것일까? '존재有'를 예로 들자면 물론 동사 부정형을 그대로 명사로 쓰는 습관이 일본어에는 없기 때문이기도 하다. 하지만 한 가지 이유가 더 있다. 애당초 Sein을 일본어 일상 언어로 바꿀 때 'ある(있다)' 외에도 'いる(있다)'와 'おる(있다)' 등의 대응어가 있어서 이를 'ある'라는 한 단어로 일괄해버릴 수 없었기 때문이다('있다' 는 일본어로 'ある(아루)', 'いる(이루)', 'おる(오루)'로 표현되며, 보통 ある는 무생물, いる는 생물을 대상으로 사용한다는 구분이 일반적이다. おる는 いる의 약간 문어적인 말씨이다-편집자 주). 그래서 'ある(아루)'와 'いる(이루)', 'おる(오루)' 등의 의미 확장을 포괄하면서 동시에 명사로서도 사용할 수 있는 말로서 '존재' 내지 '유'를 사용했던 것으로 추정된다.

'ある(아루)'와 'いる(이루)・おる(오루).' 일본인이 일상 대화 속에서 이 단어들을 실수로 바꿔 쓰는 일은 없다. '돈이 있다|ある(아루)', '명예가 있다|ある(아루)'고는 해도 '돈이 있다|いる(이루)', '명예가 있다|いる(이루)'고는 하지 않는다. '개가 있다|いる(이루)', '세균이 있다|いる(이루)'고는 해도 '개가 있다|ある(아루)', '세균이 있다|ある(아루)'라고는 하지 않는다. 이때 사람들은 먼저 생명이 있는 것에는 'いる(이루)', 생명이 없는 것에는 'ある(아루)'를 쓴다고 설명하려고 한다. 일본어에서는 생물과 무생물을 일괄적으로 '존재'로 묶지 않고 그것에 생명이 있는지 없는지에 따라서 존재 방식을 구별한다고 생각한다. 일본어로 말하는 사람들의 세계와 사물에 대한 철학적 단면이 반영된 것이라는 생각으로 그 '철학'에 파고들 수도 있

을 것이다.

하지만 사실은 그리 단순하지 않다. 지금부터 일본어학 전문가처럼 논의를 전개해가자면, '정원에 감나무가 있다|ある(아루)'든가(옛 문헌 중 『겐지 이야기源氏物語』에서) '사람, 목석이 아니면, 모두 정이 있다|ある(아루)'라는 표현도 있으므로 'いる'는 생물, 'ある'는 무생물이라고는 할 수 없다. 그보다는 'いる'는 유정물有情物, 'ある'는 무정물無情物에 사용한다는 구별 방법이 더 정확하다고 하겠다. 하지만 전래동화에 자주 등장하는 '옛날옛날 어느 마을에 할아버지와 할머니가 있었습니다|ありました(ある의 높임말)'라는 표현도 있고, 일상 회화에서도 '그에게는 처자식이 있다|ある(아루)'고 한다. 반면 '앞에 버스가 있다|いる(이루)', '택시가 없다|いない(いる의 부정형)'고도 말하므로 유정・무정이라는 구별 방식도 정확하다고는 할 수 없다. 다음으로 움직이는 것과 움직이지 않는 것의 차이로 생각해볼 수 있다.

이에 대해 야마구치 아키호山口明穂는 『일본어의 논리日本語の論理』(2004년)에서 다음과 같은 예를 들며 검토한

다. 밤이 늦어 전철역으로 서둘러 갈 때는 '아직 전철이 있을까|あるかな?(ある의 의문 표현)' 하고 생각한다. 겨우 역에 도착해 역사 내에서 열심히 달려갈 때는 '아직 전철이 있을까|いるかな?(いる의 의문 표현)' 하고 생각한다. 이때 'ある(아루)'가 'いる(이루)'로 바뀌는 데는 '어떤 구체적인 장면 속에 그 대상이 존재한다는 것', '게다가 이때 그 대상이 거기에 존재하지만 시간이 지나면 그곳에서 움직여서 떠난다'는 의미가 포함되어 있다. '아직 전철이 있을까|あるかな?'라고 할 때 떠오르는 것은 '막차라는 교통 기관이 운행하고 있을까?'라는 것이고, 실제로 역에 도착했을 때 떠오르는 것은 '구체적인 막차의 모습'이다. 즉 'いる(이루)'를 쓸 때 동작성을 의식한다는 것은 '시간이 지나면 어딘가로 이동'하리라고 생각한다는 것이다. '처자식이 있다|ある(아루)'고 하는 것도 마찬가지로 '존재 사실을 설명하는 표현'으로 '지금 집에 있다|いる(이루)'는 것과는 다르다. 이를 통해 야마구치가 이끌어낸 결론은 이렇다. 'いる(이루)'와 'ある(아루)'의 차이는 존재하는 것이 무엇인가에 있지 않고, 사람이나 사물

의 '존재 방식'에 있다. 즉 'いる(이루)는 이동해 와서 거기에 있다. 그리고 시간이 지나면 어딘가로 이동할 것으로 생각되는 존재이며, ある(아루)는 그대로 거기에서 움직이지 않는 존재이다'라는 의미 차이가 규준으로서 작용한다. 그리고 '처자식이 있다|ある(아루)'는 표현을 최근에 '처자식이 있다|いる(이루)'고 곧잘 말하게 된 것은 '사람들의 생각이 사람이라는 존재를 いる의 속성을 지니는 것으로 파악하는 경향이 늘었기' 때문이라고 한다. 여기에서 'いる의 속성'을 지닌다는 것은 존재를 '시간의 흐름 속에서 한 때' 존재하는 것으로 파악한다는 뜻이다.

여기에서 우리는 이미 철학적 사고 영역으로 발을 들여 놓았다. 이 예제에 어떻게 접근할 것인가? 그중 하나의 밑그림을 다음에 그려보고자 한다.

시간은 흐르는가?

우리는 흔히 '내'가 여기에 '있는|いる(이루)' 것의 의미를 묻는다. 아니, 인생의 행로에서 막다른 길에 부딪힐 때마다 자신이란 존재에 어떤 의미가 있는지를 묻지 않고는 견딜 수가 없다. 실직한 사람, 정년퇴직한 사람, 시험과 취업 활동에서 계속 '불합격' 통보를 받은 고등학생과 대학생, 집에서 그저 가족의 귀가만 기다리는 소위 '빈집 증후군'으로 고통받는 전업주부……. 자신이 던진 물음에 대답하지 못한 채 초조해하는 사람이 많다.

자신이 여기에 '있는|いる' 것은 '시간의 흐름' 속에 존재하는 것과 관련 있다는 것을 앞의 논의를 통해 다소 이해하게 됐다. 하지만 여기서부터는 어떻게 논의를 펼쳐나가야 할까? 아마도 다양한 길이 있을 것이다. 즉시 하이데거의 『존재와 시간Sein und Zeit』을 펼치는 사람도 간혹 있겠지만, 사람들 대부분은 다음 단계가 도무지 보이지 않아 입만 벌린 채 말을 잇지 못할 것이다. 나는 지금까지 다음과 같은 방식으로 논의를 펼쳐왔다. 철학

을 조금 맛본 자가 어떤 식으로 안테나를 세우고 사고의 신경을 펼치는가. 그 소소한 일례로서 이하의 글을 읽어주길 바란다. 뒤에서 설명할 '비방법非方法의 방법'이라고 부르는 철학적 사고에 대한 대략적인 이미지를 사전에 파악할 수 있도록 하기 위함이다.

시간은 흐른다……. 실로 흔한 표현이다. '흐르는 강의 흐름은 끊이지 않고……'라며 인생을 멈출 줄 모르는 강의 흐름에 비유한 수필도 있고, 인생을 여행이라는 이동에 비유한 기행문도 있다. '가는 해, 오는 해'라고 시간을 표현하는 연말 TV 프로그램도 있다. 직역하면 '오, 계절이여!'인 문장을 '시간은 흐른다'라고 번역한 시인도 있다. 랭보Jean Nicolas Arthur Rimbaud 『지옥의 계절Une Saison en Enfer』의 「착란Ⅱ」에 나오는 '오, 계절이여! 오, 성이여!ô saisons, ô châteaux'라는 시행이다. 이를 나카하라 주야中原中也는 '시간이 흐른다. 성이 보인다'라고 번역했다(사실 나카하라 주야가 번역하기 7년 전에 고바야시 히데오小林秀雄가 먼저 '시간이 흐른다. 성이 보인다'라고 번역했었다). 복수형으로 표기된 '계절'의 번역에 '흐른다'라는 동사를 추가해 시간의 변화, 시간이 길게 쭉 뻗어 있는 듯한 느낌을 더욱 짙게 표현했다.

시간이 흘러가는 모습을 흐름에 비유했다. 아니, '흘러간다'고 하는 것조차 비유일지 모른다. 비유, 즉 메타포 이야기가 나오면 서양철학사를 조금 아는 사람은 예를 들어 다음과 같은 논의를 펼칠지도 모르겠다.

플라톤Platon의 동굴의 비유부터 하이데거의 '존재의 밝음'에 이르기까지 서구사상사에서 진리는 자주 '빛'이란 메타포를 이용해 표현되어왔다. '빛은 빛과 어둠을 동시에 상징한다'는 스피노자의 말에도 나오는 바와 같이 빛으로 인해 사물은 보이게 되지만 빛은 보이지 않는다. 그래서 현상의 단순한 매체가 아니라 현상 세계를 여는 사물의 존재를 가능케 하는 근거로서의 진리를 '빛'이나 '조명' 등의 은유를 이용해 표현하는 양식—'빛의 형이상학'(블루멘베르크Hans Blumenberg)—이 생겨났다. 세계를 비추는 초월적 근거로서의 '빛'은 이윽고 우리의 내부로 전향되어 인간의 이성적 작용을 표현하는 은유, '자연의 빛'이 된다. '본다'라는 말을 어원으로 하는 고대적 이데아가 경험론에 있어서 심적 현상으로서의 아이디어(관념)로 전환된 것처럼 '빛'은 서구 근대에 이르러서는 인간의 내면적 소질로서의 이성과 도덕성을 나타내게 된다. 무지의 어둠으로부터 지식의 광명으로 인류를 진보=개명시키는 계몽enlightenment도 바로 조명을 의미하는 말이다. 또 근대 인식론은 인간과 세계와의 관계를 보는 것(주관)과 보이는 것(객관)과의 관계에 비유했고, 진리를 '증거evidence'로 말하며 인식 구조를 눈이나 사진기 등의 광학 모델을 이용해 '증명'했다.

시간의 경우 그 근원적인 메타포에 해당하는 것이 '흐름'이다. 즉 사물의 존재 being('있다ある')에 정위하고 그 부동의 본질을 나타내는 것으로 '빛'의 은유가 사용되어왔다면, 사물의 생성 becoming에 정위하고 그 부동의 변화를 나타내는 것으로 사용되어온 것은 '흐름'이라는 비유이다. 존재에 생성을 대치했던 헤라클레이토스 Hērakleitos는 기원전 5세기에 그 사상을 '만물 유전panta rhei'이라는 말로 표현했다. 신플라톤주의자 플로티누스 Plotinus의 '유출emanatio'론에서는 플라톤의 이데아에 해

60

당하는 '일자—者(만물의 궁극적 근원-편집자 주)'가 흘러나옴으로써 사물이 생성된다고 생각했는데, 이 '유출'이란 은유는 최종적으로는 존재를 실체적 동일성으로 환원하는 사상으로 흡수됐다. 근대 후반에 이르러 '흐름'이라는 은유가 재차 적극적으로 사용되는데, 그 배경에는 존재의 문제가 '주관성'의 영역으로 편입되었다는 것과 나아가 후자가 '시간성'의 문제로 논하게 되었다는 사정이 있다. 윌리엄 제임스는 '의식의 흐름'과 '사고의 흐름'으로서, 후설은 '시간류時間流'로서 '주관성'의 구조를 분석했다. 현대에 '흐름'의 은유는 존재를 동일성으로 환원하는 사상과 달리 비동일적인 것의 권리를 옹호할 때 '유동성' 내지 '유체'로서의 비동일적이고 무정형한 존재 양태를 강조하기 위해, 혹은 목적론적 역사의 메타 이야기를 비판할 때 '표류'라는 이미지를 대치하기 위해 사용하는 경우가 많다…….

서양철학사의 문맥에서는 대개 이렇게 말할 수 있겠지만 —위의 글은 사실 내가 약 20년 전에 철학 사전에 기재했던 내용이다—, 'ある(아루)'와 'いる(이루)'의 구별을

통해 'いる'의 규정 속에 '시간'이 포함되어 있다는 것을
살펴본 우리로서는 앞의 논의에 따라 계속 이야기하는
것은 '존재의 동일성'이라는, 일본어로 생각하는 사람들
에게 있어서의 '허상'의 궤도를 더듬는 것이 돼버린다.
그렇다, 철학이 우리가 생활하는 세계와는 동떨어진 2
층에 있는 연구실에서 행해지는 작업이 되고 만다. 철
학적 사고는 더욱 자유롭고 더욱 친근한 것이어야 한다.

'흐름'이라는 감촉

철학의 시간론이라는 2층으로 갑자기 사다리를 타고
뛰어 올라가지 말고 우리가 평소에 당연하게 사용하고
있는 '시간은 흐른다'는 은유, 은유라고조차 생각하지
않는 비유의 구체적인 감촉에 잠깐 머무르며 논의를 계
속해보자.
우리가 시간에 관여하는 방식은 좌우간 불안정하다.
근무 시간에는 정밀하게 구분된 시간에 거북함을 느끼

고, 여유가 있을 때는 시간을 주체하지 못하며, 무언가에 푹 빠져 있을 때는 시간의 속도가 야속하게 느껴지고, 무언가를 기다릴 때는 시간의 무딤과 진득거림에 짜증이 난다. 반면 예를 들어 지진 같은 큰 사건이 발생하면 세차게 파도치는 사회의 시간에 쉽게 휩쓸리기도 한다. 그리고 그 정도로 자신을 강렬하게 뒤흔들었던 것이 시간과 함께 너무나도 빨리 퇴색됨에 놀라기도 한다. 시간은 모든 것을 지워버린다.

희망, 불안, 소망……. 프로젝트, 연간 계획, 기상예보, 기업 전략, 리스크 예측, 경쟁, 그리고 유행……. 너나 할 것 없이 누구나 시간을 앞쪽으로 쏠려 있는 것이나 앞으로 앞으로 나아가는 것으로 느끼는 줄 알았는데, 반대로 흘러가는 것에 대한 집착도 대단하다. 후회하고 후회해도 계속 후회되는 것, 지울 수 없는 기억, 깊은 심적 외상, 또 오늘날에는 희미해졌다고는 하나 한 나라의 전통과 가문에 대한 완고한 고집까지도……. 이처럼 사람은 시간에 농락당해왔다.

정말로 이렇게까지 농락당해도 되는 건가 싶었던 것

은 고베 대지진이 발생했던 다음 해 무라카미 류村上龍의 소설 『러브&팝ラブ&ポップ』(1996년)을 읽었을 때였다. 가슴이 죄이는 묘사이므로 다소 길지만 인용하도록 하겠다. 꼭 갖고 싶은 반지를 사기 위해서는 '원조 교제를 할 수밖에 없겠다'고 결심하는 장면이다.

소중하다고 생각했던 것이 잠을 자고 눈을 뜨고 TV를 보고 라디오를 듣고 잡지를 읽고 사람들하고 이야기를 나누는 사이에 정말로 간단하게 사라져 버린다. 작년 여름 『안네의 일기』 다큐멘터리를 NHK 위성 방송으로 봤는데 무서웠지만 감동해서 울었다. 다음 날 오전 '알바'를 위해 『JJ』를 읽다 마음이 이미 말끔해져 있음을 스스로 깨달았다. 『안네의 일기』 다큐멘터리를 다 보고 침대에 들어갈 때까지만 해도, 언젠가 네덜란드에 가야지, 그래서 여자의 생리를 두고 옛날 사람들은 안네라고 했던 거구나, 자유롭게 밖을 나다닐 수 있다는 건 사실 대단한 거였어, 하는 갖가지 생각으로 마음이 뒤죽박죽이었다. 그런데 다음 날에는 완전히 평온해져서, 샴푸로 깨끗하게 씻어낸 것처럼 마음이 말끔하고, '그땐 내가 이상했었나 봐!'라며 내 안에서 '무언가가 끝난 것'처럼 느껴지는 게 신기하고 싫었다. 오늘 중으로 꼭 사야지! 내일은 꼭! 그런 놀람과 감동을 잊어버린다. 어제는 내가 좀 이상했었어라는 생각으로 끝내버리고, 방금 전에 산 수영복을 입고 탈모 범위를 확인하고 있는 내 모습을 또렷하게 떠올릴 수 있었다. 임페리얼 토파즈는 12만 8천 엔이다.

소중하다고 느낀 것은 즉시 손에 넣거나 경험하지 않으면, 하루 이틀 밤 만에 평범한 것으로 변질되고 만다. 모두 이를 잘 알고 있다. 프라다의 체인 백을 사기 위해 맥도널드에서 반년 동안 알바 하는 여고생은 없다.

이런 묘사를 반복하며 무라카미는 사람의 욕망이 일어나는 방식에 조용하지만 큰 변화가 생기는 것을 선명하게 그려냈다. 욕망의 이러한 변화는 무라카미가 묘사하고 있는 것처럼 시간 감각의 변화를 동반한다. 시간을 미래에서 현재로 흘러오는 것이 아니라 현재에서 과거로 흘러가는 것으로 받아들이는 감각이다. 지금은 갖고 싶어 미칠 것 같은 반지도 내일이 되면 더는 갖고 싶지 않을지 모른다……. '상승을 계속하던' 시대에는 그렇지 않았다. 고도 성장기 이후 산업을 비롯해 사람들의 행동 양식은 시간을 선구하는 것으로 파악됐다. 프로젝트project를 시작하기에 앞서 이익profit이 있을지 없을지를 전망prospect하고, 사업 계획program, 생산production 공정, 판매 촉진promotion, 그리고 약속어음에 의한 지불 promissory note, 사업 진전progress 확인과 그 후의 직원 승진promotion 등 생산에서 영업에 이르기까지 장래성을 추구하는prospective 미래지향적인 자세로 일에 임했다. '앞으로', '미리', '사전에'라는 뜻을 지닌 접두사 pro-가 붙는 행동으로 가득한 대행진이다. 먼저 트렌드를 읽고 먼저 사업을 시작하는 사람이 승리하는 것이다.

상류에서 흘러내려 오는 것을 제일 먼저 움켜쥐는 것이다. 이는 다리 위에서 강의 흐름(=시간)을 물이 흘러내려 오는 방향을 바라보며 서 있겠다는 태도이다. 어떤 사업을 시작하고 목표를 달성할 때의 이런 미래지향적인 마음가짐은 사업에만 국한해서가 아니라 어떤 예정이나 계획을 세우고 이를 목표로 여러 가지 행동을 하나씩 착실하게 수행해 나가는 우리의 삶의 방식을 뒷받침해준다. 하지만 이것과는 반대로 『러브&팝』에 나오는 여고생은 소위 역방향을 보고 있다. 다리 위에 서서 발밑의 물이 하류로 흘러가다 이윽고 사라지는 것을 바라보는 태도이다. 지금 가장 리얼한 것도 결국 사라진다는 것에 주목하고 있다. 여기에서 시간은 마음의 두근거림과 설렘을 없앨 뿐 아니라 시간을 들이게 하는 동기 원인이라고 할 수 있는 욕망까지도 시들게 만들어버린다. 앞서 나온 여고생의 독백에는 언젠가 사라질 것을 사라지게 두지 않겠다는 시간에 대한 통절하기까지 한 항의가 없다. '잊어도 되는 것과 잊으면 안 되는 것, 그리고 잊지 않으면 안 되는 것'(가와세 나오미河瀬 直美, 일본의 영화 감독-편집자 주)을 억지로라도 분류할 수밖에 없는 슬픔도 없다. 여기에서 시간은 들이는 것이나 정리할 것이 아니라 사라져 없어질 것으로 존재한다.

시간은 우리 인간의 '내적 취약성'의 상징이라고 말한 사람이 있는데 이것을 두고 한 말이었구나 하고 생각했었다. 참고로 막스 피카르트Max Picard도, 제2차 세계대전이 종결되고 얼마 지나지 않았을 때인데, 뉴스 방송이 나온 다음에 베토벤의 음악이 흘러나오고 이어서 낭독 시간이 있고 그 후에 일기 예보가 나오는 라디오 방송 편성에서 '내적 연관 상실'을 간파하고, 이를 아무런 저항도 없이 수용하는 동시대 사람의 내면 붕괴를 인간의 '원자화'라고 불렀다. '원자'는 그에게 '분열'의 상징이었던 것이다.

앞서 야마구치 아키호는 '처자식이 있다|ある(아루)'에서 '처자식이 있다|いる(이루)'로의 변화를 '사람들이 사람이라는 존재를 いる의 속성을 지니는 것으로 파악하는 경향이 늘었기 때문'으로 파악했는데, 'いる의 속성을 지니는 것', 즉 존재가 '시간 속'에 존재하는 것에는 두 가지 양상이 있는 셈이 된다. 그리고 흘러오는 것을 끊임없이 선취하려던 시간 감각에서 흘러가는 것을 흘러가는 대로 바라보는 시간 감각으로의 변화를 여고생의 독백으로 묘사한 무라카미 류의 이야기에서 우리는 한 걸음 더 나아가 현대인에게서 '내가 확실하게 여기에

있다|いる는 것' 자체가 무너지기 시작한 게 아닐까 하고 추론해 나갈 수 있을 것이다. 시간 양상이 우리 '존재いる'의 핵심을 이룬다면 이처럼 시간 감각의 심층에서의 변화를 '존재いる'의 현실 변용으로서 읽을 수 있기 때문이다.

시간의 '밖'?

현재까지의 논의를 바탕으로 다시금 묻고 싶은 것은 애초에 어떤 현상을 지칭해 '시간은 흐른다'고 말해왔는가 하는 것이다. 어떤 것이 흘러왔다 다시 흘러가는 것을 알기 위해서는 당연한 소리이지만 흐름 밖에 있어야 한다. 어떤 움직이지 않는 장소에 있어야 변화하는 것을 흐름으로서 파악할 수 있다. 하지만 우리 존재 자체가 변화하는 것이고 흘러가는 것이다. 흐름에 관한 이야기와 노래조차 시간의 흐름 속에 있다. 다시 말해 우리는 시간적인 존재이기 때문에 강의 흐름을 바라볼 때와 같은 방식으로 시간의 흐름 밖에 있을 수 없다. 그럼에도 강에 비유하자면 우리는 아무리 멀리까지 내다봐도 강 밖에는 보이지 않는 광대한 강 속에 있다고 할 수 있다. 즉 흐름을 흐름으로서 지켜볼 수 있는 일정한 장소가 어디에도 없는 것이다. 이때 사람은 '시간'의 한복판에 있으면서 '시간'이 움직이는 것이라는 걸 어떻게 알까?

모든 것이 흐르는 가운데 그 흐름 중 하나인 것이 스스로를 포함한 그 전체를 흐름으로 파악하는 것은 왜일까? 평소에는 시간의 흐름에 대해 생각하더라도 이렇게까지 파고들지 않는다. 하지만 철학적 물음은 여기부터가 시작이다.

여기서는 '명제의 진위는 어떻게 확정되는가?'라는 철학의 진리론과 같은 난제가 발생한다. 명제의 진위는 명제와 그것이 기술되어 있는 실재 모습을 대조(그 명제가 실재 사물 내지는 사건을 정확하게 묘사하고 있는가 아닌가)함으로써 검증할 수 있다는 생각을 예로부터 '진리 합치설'이라고 불렀는데, 조합해야 할 실재 모습 자체도 그것을 의식할 때에는 어디까지나 모종의 명제로서 설명될 수밖에 없으므로 결국 명제의 진위는 그 명제와 그것이 기술하고 있는 실재에 대한 다른 명제와의 관계 속에서 예를 들어 그 정합성을 묻는 등의 방식으로 확정할 수밖에 없다. 그러면 이번에는 이것과 앞뒤가 잘 맞는 거짓말을 구분할 규준은 무엇인가 하는 문제가 발생해 논의는 점점 수렁으로 빠져든다. 명제의 진위 또한 늘 경험과 이를 기술하는 명제 속에 있다고 한다면 우리는 경험 너머에 있는 실재 등에 대해서는 끝내 말할 수 없는 셈이 된다.

'시간은 흐른다'라는 주장도 마찬가지로 이와 같은 난제를 품고 있다. 사람에게는 '지금'이라는 현재만 있고 미래와 과거는 부재한다고 생각한다. 올 것과 간 것으로서 미래와 과거를 이해한다. 하지만 현재도 또 현재로 계속 있지 못하고, 현재가 됐을 때는 이미 현재가 아니다. 현재로서는 소실되고 있다. '흐른다'고 하는 것을 엄밀하게 파악하면 그렇게 된다. 그러면 이 지금이라는 현재는 시간에 관해 물을 때 시작점으로 삼기에 정말로 적합한가 하는 물음이 싫어도 저절로 생긴다. 이리하여 '시간은 흐른다'고 하는 표현은 '시간' 속에 있으면서 '시간'이 흐른다는 것을 사람은 어떻게 아는가라는 철학적 물음으로 갱신된다. 그리하여 사람은 철학의 문 앞에 서게 된다.

시간을 작동시키는 것?

'시간의 흐름'이 강의 흐름에 비유될 때는 항상 부재의 미래가 현재로 흘러와서 현재가 이윽고 과거라는 또 하나의 부재로 흘러간다는 사태가 상정된다. 우리에게 강이 흐름으로 존재하는 것은 상류에서 흘러내려와 간신히 모습을 드러낸 강 표면의 표류물을 눈으로 직접 보고 이윽고 그것이 떠나는 것, 시야에서 사라지는 것을 뚫어지게 관찰하는 행위를 통해서이다. 그런 의미에서는, 무언가의 도래도 마찬가지이지만 특히 어떤 것을 소실하는 경험, 이별의 경험이야말로 '시간'의 흐름을 뚜렷하게 부각시킨다. 따라서 늘 '지금'으로 들끓고 있는 유아에게는 '시간'이 존재하지 않는다. 자신에게 없어서는 안 되는 것, 소중한 사람, 그러한 것을 무력하게 빼앗기는 아픈 경험 속에서 사람은 무언가의 부재를 뼈저리게 깨닫고 '시간'의 변화를 통감한다. 사라진 것을 향한 마음, 거기에 '시간'이 찾아든다. 그런 의미에서는 시간을 논할 때 사람은 늘 무언가의 도래를 기다리는 '지금', 그리고 무언가의 소실의 기점이 되는 '지금'을 시작점으로 삼을 수밖에 없다고 생각한다.

미래라는 부재가 흘러오는 것도 과거라는 부재로 흘러가는 것도 각각 '아직 없는 것'과 '이제 없는 것'으로서 '지금'이라는 현재에 의식되는 사항이다. 즉 미래가 '아직 없는' 부재의 미래로 표현되는 것은 현재 시점에서다. 마찬가지로 '이제 없는' 부재의 과거도 현재 시점에서 그렇게 의식되는 것이다. 이처럼 오로지 '지금(현재)'만이 '시간 흐름'의 중심이라고 생각한 것이 후설의 현상학의 시간론이다.

그럼 이러한 '지금'은 흐름을 어떻게 느끼고 있을까?

어떻게 구동하고 있을까? 아직 없는 미래와 지금 여기에 있는 현재와 이제 없는 과거와의 관계는 '흐름'으로서 마치 하나의 선인 것처럼 연결해 표현되는 한, 사실 현재(예상)와, 현재와, 현재(회상)의 관계에 있다. 그렇게 생각하면 놀랍게도 시간은 흐르는 것이 아니게 된다. 바꾸어 말해 '흐름'을 시간 밖에서 '흐름'으로서 조망하는 의식(관측점) 자체는 시간적이라고 생각할 수 없다. 따라서 '시간은 흐른다'라고 할 때 문제가 되는 것은 흘러가는 자가 흐름 속에서 흘러가면서 그것을 흐름으로 파악하고, 반대로 자신도 흐르는 것으로 파악하는 시간 의식 구조이다. 말하자면 이것은 이미 부른 노래의 선율이 아직 울려 퍼지고 있고, 앞으로 나올 선율이 예상되는 가운데, 바로 지금 흘러나오고 있는 노래 같은 것이다. 이를 후설은 (그 자체가 시간류인) 의식에 따른 '시간의 흐름' 구조라는 문제로서 파악했다. 대상으로서 의식 앞에서 흐르는 시간이 아니라 흐르는 것으로서의 시간이 자기 자신을 흐르는 것으로서 구성하는 것은 어째서인가 하는 물음이다.

'흐름'은 무언가의 이행으로 느껴진다. 그것은 지금 있는 것이 아직 없는 것을 포함하고, 또 지금 있는 것이 이제는 없는 것으로 자신을 지워가는 운동이다. 후설은 '지금(현재)'을 이처럼 지금 있는 것과, 아직 없는 것, 이제는 없는 것이란 세 가지 요소가 서로를 포함하며 서로에게 녹아들어 있는 현상으로 파악했다. 그리고 이를 '생생한 현재lebendige Gegenwart'라고 불렀고, 여기에서 흐르는 것과 멈추어 서 있는 것이 동시에 일어나고 있는 듯한 시간의 근원(Ursprung, 그야말로 솟아나는 샘이다)을 이루는 존재 방식을 보았다. '흐르는 현재'란 끊임없이 '지금'이 아니게 되는, 즉 이제 없는 것으로 흘러가는 '지금'의 존재 방식이고, '멈추어 서 있는 현재'란 아직 없는 미래를 끊임없이 자신의 내부로 흡수하는 형태로 항상적으로 현재에 계속 존재하는 '지금'의 존재 방식이다. '지금'으로서 자기를 동일적인 것으로서 반복하면서, 동시에 '지금'이 아닌 것으로서 끊임없이 사라지는(자기가 자기가 아니게 되는, 즉 자기를 차별화하는), '지금'의 이와 같은 양의적인 존재 방식에서 '시간이 흐른다'고 하는 것의 실질을 봤다.

바꾸어 말해 '시간이 흐른다'고 할 때의 이행성을 끊임없이 미끄러져 떨어지는 것과 항상 새롭게 존재하는 것의 이중성, 즉 현재가 비현재로 이행하는 것으로 이해했다. 그리고 늘 자신으로 존재하고자 하면서 끊임없이 자신이 아닌 것으로 계속해서 자신을 넘어서는 동작성이야말로 시간의 추진력이라고 했다. '지금'을 중심으로 '시간의 흐름'을 보는 소위 현상학적 시간론이다.

하지만 여기에는 결정적인 두 가지 문제가 있다.

하나는 '시간의 흐름'을 이와 같이 파악하더라도 미래·현재·과거라는 세 가지 요소가 서로를 포함하게 만들고 서로에게 녹아들게 하는 어떤 동작성이 있기 때문에 시간이 흐르는 것인가, 아니면 시간이 경과 혹은 추이推移되는 과정에서 의식이 '지금'을 거점으로 시간을 '아직 없는 것'과 '이미 없는 것'과의 관계로 재구성하는 것인가 하는 문제가 그대로 남아 있다. 즉 의식이 시간의 근거인가 아니면 시간이 의식의 근거인가 하는 문제이다. 특히 미래의 존재 방식에서 이 문제가 표면화된다. 미래는 후설이 생각한 것처럼 현재가 예상이라는 형태로 미리 미래를 흡수하고 있다기보다, 오히려 반대로 예상이라는 형태로 그려진 미래는 이를 때때로 배반하는 형태로 기습적으로 찾아오는 것이 아닐까 하는 것이다. 그렇다고 한다면 미래라는 비현실은 현재와의 연속이란 측면에서뿐 아니라 현재와의 단절이란 측면에서도 주제화되지 않으면 안 된다. 미래가 현재라는 시점에서 도래가 예상되는 것이 아니라 사전에 상상조차 할 수 없는 것, 허를 찌르는 형태로 우리를 사로잡는 것이라고 한다면 모든 현재는 달아나 사라지는 것으로서 존재하게 된다. 그러면 '시간의 흐름'은 '지금'이라는 중심에서 구성되는 것이 아니라 이제 와서는 구성 불가능한 근원적 사실로밖에는 규정할 도리가 없다. 시간이란 '아직 없는 것'이 '지금 있는 것'이 되고 '지금 있는 것'이 그대로 '없는 것'으로 미끄러져 내리는 이행 그 자체로, '지금'에 특권적인 위치값이 있다고 할 수 없다. 현상학의 시간론은 여기에서 그 한계에 도달한다.

또 다른 문제는 후설이 '지금'으로 파악하고 있는 현재의 폭이 어떻게 되느냐 하는 것이다. 후설은 현재를 부재를 흡수해가는 운동으로 파악하고, 미래와 이미 존재하는 것을 합해 서로 녹여놓은 듯한 '시간의 정원'이란 것을 상정하고 있다. 이에 따르면 현재는 미래와 과거를 구분 짓는 분수령과 같은 '점'으로서 존재하지 않는다. 음악으로 말하자면 앞으로 곧 나올 음악과 함께 방금 전에 나왔던 음악까지도 현재에 붙잡아 두는 작용이 '지금'의 시간 의식에는 있다. 이를 후설은 '미래 예지 Protention'와 '과거 파지Retention'라고 부른다. 이 두 가지가 현실에 포함된다는 것이다. 그렇기 때문에 '지금'은 '정원'을 갖는다고 주장했다.

미래 예지와 과거 파지는 의미심장한 단어로 둘 다 라틴어 tentio를 포함하고 있다. tentio란 '팽창' 또는 '신장'을 의미한다. '시간의 정원'이란 그러므로 '지금'이라는 것의 '팽창'과 '신장'의 폭인 것이다. 이 폭을 규정하고 있는 것은 무엇인가 하는 문제가 여기에서 나온다. 다시 말해 시간을 과거·현재·미래로 구분하는 것, 시간을 구획 짓는 것은 무엇인가 하는 문제이다.

시간을 구분 짓는 말

'지금'을 '지금'으로 한정하는 것은 무엇인가? 그것이 문제이다.

친구랑 통화 중인 장면을 떠올려보자. 친구가 "지금 뭐 해?"라고 물으면 나는 예를 들어 "TV 보는 중이야!", "일하는 중이야!"라고 대답한다. 이때 실수로라도 "지금 너랑 통화 중이잖아?"라고 대답하지는 않는다. '지금'이라는 말에는 '지금 ~을 하는 중이야'(어떤 행위를 동작 중이다)라는 '한창'이라는 폭이 포함되어 있다.

이에 관해서는 나카지마 요시미치中島義道가 『시간론時間論』(2002년)에서 실로 명쾌하게 논의를 전개하고 있으므로 그의 논의에 따르자면 무언가를 떠올리는 것, 즉 상기는 어느 '지금'이라는 시점에서 조금 전의 '지금'을 분리할 수 있기 때문에 가능하다고 한다. 고요한 '지금'이 되어야 비로소 아까의 소음을 상기할 수 있는 것처럼 말이다. 시간은 이처럼 현재와 과거의 양립 불가능한 관계의 성립(분리 · 공존)과 함께 성립한다.

예를 들어 "아아, 상쾌해!"라고 말함으로써 목욕물에 몸을 담그고 있던 '아까'와 목욕물에서 나온 '지금'이 시간적으로 구분된다. "슬슬 가야겠다!"라는 말로 인해 시간이 구분 지어진다. 그러한 말에 따른 행위의 분리와 장면의 전환 속에서 시간은 비로소 '아까', '지금', '앞으로'라는 분명한 모습을 하고 흘러가기 시작한다. 그런 의미에서 미래와 과거도 '없는' 것이 아니라 현재와는 다른 형태로 '있다'고 생각할 수 있다. 이처럼 다음 행위로의 이행과 그 두 개의 구획 속에서 시간은 '아까', '지금', '앞으로'라는 형태를 갖게 된다. 즉 '시간'은 작동되고 그리고 흘러가기 시작한다.

그런 의미에서 '지금'은 특정 시점을 지칭하는 말이 아니라 '관계'를 나타내는 말이라고 할 수 있다. 다른 예를 들자면 '그는 지금 막 뉴욕에 도착했다'라고 할 때 사람은 이 '지금'이라는 구획을, 다른 '지금'을 거기에서 배제하는 것을 포함해 제시하고 있다. 그리고 상대도 '지금'을 자신과 같은 의미의 폭으로 구획 지을 것을 기대한다. 누군가에게 "당장 와!"라는 말을 듣고 "지금 갈

게!" 혹은 "지금은 못 가!"라고 대답할 때에도 그 '지금'
은 일정한 시간의 폭을 지닌다. 약속 시간을 조금 넘겨
서 약속 장소에 도착해 "늦어서 미안해!"라고 사과하고
상대에게 "나도 지금 막 도착했어!"라는 말을 들을 때의
'지금'도 현시점을 의미하지는 않는다. 여기에서도 '지금'
은 시곗바늘이 가리키고 있는 시각과 같은 점이 아니다.

이 '지금'의 폭을 결정하는 것은 "아아, 상쾌해!", "슬
슬 가야겠다!"와 같은 시간을 구분 짓는 언어 행동이다.
'시간이 흐른다'고 하는 것은 이처럼 행위 변환의 언어
적 기술과 연동된다. 그렇다면 예를 들어 노년이 됐을
때 사람이 의외로 성격이 급해지는 것도 '시간' 구분이
불분명해져 ―사건이 패턴화되어 개별성을 상실하면서
언제였는지 생각이 잘 나지 않는 일이 많아지면서― 시
간이 흐르지 않게 되기 때문이라고 생각할 수 있을 것
같다.

동일한 시점에서 생각해보면 예를 들어 통증에 관해
서도 흥미로운 기술을 할 수 있다. 통증에는 욱신욱신
쑤시는 것과 날카롭게 찌르는 것의 두 종류가 있다. 일

단 두 가지를 동통疼痛과 격통激痛으로 구분하자면, 과거에 받은 깊은 상처는 언제까지고 욱신욱신 쑤신다. 동통은 과거에 원점을 두지만 계속 과거의 것인 채로 있지 않고 현재에 자리를 잡고 앉는다. 시간이 아무리 흘러도 어느 순간 문득 고개를 쳐든다. 예를 들어 어떤 장면을 보거나 공기 변화를 느꼈을 때 등이다. 이에 반해 격통은 그런 식으로 정면으로 응시조차 할 수 없다. 격통은 사람을 시간의 한 점, 공간의 한 점에 가두어버리기 때문이다. 아픈 사람의 의식은 고통의 순간에 못 박혀 거기서 이탈할 수 없다. 아픈 바로 그 '지금'에서 전 혹은 후에 관한 그 어떤 생각도 할 수 없다. 시간이 말하자면 정원을 상실하고 점이 된다. 고통 속에서 인간은 '지금'에 유폐된다. 덧붙여 말하자면 격통은 마찬가지로 사람을 '지금'에 가두어버린다. 몸이 아픈 그 한 점으로 내향해 더는 주변 세계로 평온하게 열리지 않는다. 타인의 말을 마음 깊이 받아들이거나 타인의 심경을 막연하게 헤아릴 여유도 없어진다……. 이렇게 생각하면 완화 케어의 필요성도 지금까지와는 다른 시점에서 근거를 제시할 수 있을 듯하다. 즉 격통은 사람을 '지금 여기에' 가둔다. 이는 희망이나 소망이나 추억이나 후회도 불가능하게 만든다. 타인에 대한 상상력이나 배려도 불가능하게 한다. 그렇다, 인간으로서의 존엄 자체가 손상되고 만다. 그러므로 말기 암 등에 동반되는 격통에는 완화 케어가 불가결하다.

3. 철학 안티 매뉴얼

철학의 왜곡?

이상으로 우리가 평소에 쓰는 말의 자기 음미에서부터 시작한다는 철학 방법을, 시험 삼아 헤겔의 '철학의 시원'에 따라서 '있다'라는 흔한 말로 실행해봤다. 이 과정에서 '있다|ある・いる(아루·이루)'에서 '시간'으로, '시

간'에서 '언어'로 상당히 긴 우회를 한 것은, 그리고 매번 논의할 때마다 여러 가지로 파생되는 문제까지 다루었던 것은 철학적 물음이 매뉴얼에 따라서 단 하나의 정답을 향해 나아가는 것이 아니라 물음이 다른 물음을 불러들임과 동시에 그 과정에서 당초 물음 자체의 수정이 요구되기도 하고, 나아가서는 당초의 물음이 생겼던 사고의 지평 자체를 다른 지평으로 옮기지 않으면 안 되는 행로를 때로 걷게 된다는 것을 보여주고 싶었기 때문이다. 또 지금껏 전개한 이야기도 어디까지나 '있다 |ある・いる'라는 표현에서부터 논의를 펼쳐 나가는 방식 가운데 하나에 지나지 않는다.

'있다|ある'와 관련해서는 '~이 있다|がある'라는 존재 표시 방식과 '~이다|である'라는 'ある'의 계사(코퓰러cop-ula)로서의 기능과의 관계로부터 논의를 시작할 수도 있고, 혹은 '어떠한 것도 근거 없이 존재하지 않는다'고 하는 근거율 문제부터 논의를 시작할 수도 있다(일본어 ある 는 '있다'라는 존재로서의 의미 외에 '이다'라는 단정·진술의 의미도 있다-편집 자 주). 또 시간론에 있어서는 운동, 기억, 상기 문제와의

84

관련에서부터 논하거나, 직선·원형·나선과 같은 시간 계열의 해석사나 양자역학의 시간론과 관련지어 논하거나, 또는 시詩의 음율과 음악이나 예술의 리듬 문제 영역과 연관해 논하는 등 무수한 방식이 있을 수 있다.

이처럼 사고는 평소 일상적으로 입에 담는 말의 음미에서부터 점점 확장된다. 문학, 물리학, 예술, 전통 예능, 무술, 비즈니스 현장 등 다양한 영역으로 들어갈 수 있고, 또는 이들을 가볍게 뛰어넘을 수도 있다. 문제의 맥락 자체를 스스로 천에 문양을 그려 넣듯이 짜낼 수 있다. 여기에 생각하기의 매력이 있다.

사고란 그런 편안하고 느긋한 것이어야 하는데, 철학은 왜 지금껏 많은 사람을 문전박대해온 것일까? 물론 지금까지 살펴본 바와 같이 사용하는 언어에 가장 큰 문제가 있다고 할 수 있지만, 이와 함께 한 가지 더 우리가 품고 있는 철학에 대한 이미지에는 철학을 낳은 서양의 맥락에서 봤을 때 커다란 왜곡이랄까 간격이 있었다고 할 수 있다. '철학의 입구'에 관한 논의를 마치기 전에 그 왜곡에 대해 살펴보고자 한다.

뢰비트의 '일본 철학' 비판

왜곡을 처음으로 지적한 사람은 나치스의 대두와 함께 그때까지 교편을 잡고 있던 마르부르크대학에서 쫓겨나 일본으로 망명한 뒤 5년간 도호쿠제국대학東北帝国大学에서 철학과 독일 문학을 강의하다 일본과 독일이 주축동맹을 맺은 후 미국으로 건너간 독일계 유대인 카를 뢰비트Karl Löwith이다. 그런 그가 미국에 망명하기 전 잡지 『사상思想』(이와나미서점)에 게재한 장편 논문으로 「유럽의 니힐리즘ヨーロッパのニヒリズム」(1940년)이 있다. 전후에 같은 제목으로 지쿠마쇼보筑摩書房가 이를 포함한 논문집을 간행했을 때 첨부됐던 「일본 독자에게 건네는 발문日本の読者に与える跋」은 전후 60여 년 우리가 여기에서 일본 철학의 바람직한 모습을 재고함에 있어서 꼭 음미해둘 필요가 있는 글이다. 이 글은 유럽 문화론으로서도 뛰어나지만, 일본의 언론계에 대해 냉철하게 지적하고 있는 사안은 오늘날의 우리에게도 무척 따끔한 말이다.

일본인은 러시아보다 대략 백 년 늦게 서구화의 길을 걷기 시작했다. 이와 동시에 유럽의 기세를 꺾는 것을 목표로 그 길을 계속 걸어나갔다. 즉 유럽의 기술과 과학을 이용해 유럽에 대항하려고 했으므로 '일본인의 서양에 대한 관계는 모두 자기분열적이었고 양면적이었다. 서양 문명에 감탄함과 동시에 혐오하는 것이다.' 뢰비트가 이 같은 메시지를 일본 독자에게 보내게 된 계기 중 하나에 이런 것이 있었다. 도호쿠제국대학 재임 중에 의뢰를 받고 첨삭한 논문이 많았는데, 마치 '유럽에서 이미 모든 걸 배웠고, 이번에는 이를 개선해, 이미 이것을 능가한 상태라고 생각'하고 있었고, 이러한 생각이 유럽 문화를 뛰어넘자는 구호와 하나로 얽혀 있는 것을 벌레라도 씹는 듯한 기분으로 목격했던 것이다. 여기에 존재하는 얼토당토않는 오해와 터무니없는 아이러니—서구인에 의한 서구 자기비판을 그대로 받아들이고, 이에 편승해 스스로 전통적 서구에 대해 우월감을 느끼는 어리석음—에 뢰비트는 유럽 '철학'이 무엇인가를 다시금 확인할 필요를 느꼈던 모양이다.

앞 세기의 후반에 일본은 유럽과 접촉하기 시작해 유럽의 '진보'를 놀랄 만한 노력과 맹렬한 속도로 받아들였을 때 유럽의 문화는 외적으로는 진보하여 전 세계를 정복하고 있다고는 하나 내실은 이미 쇠퇴하고 있었다. 하지만 19세기 러시아인과는 달리 당시 일본인은 유럽인과 비판적으로 대결하지 않았다. 그리고 보들레르Charles-Pierre Baudelaire에서 니체에 이르는 유럽 최고의 인물이 자신 및 유럽을 간파하고 전율을 느꼈던 것을 일본인은 처음으로 천진하게, 무비판적으로, 남김없이 받아들였다. 일본인이 이윽고 유럽인을 알게 됐을 때는 이미 늦었다. 이때 유럽인은 이미 그 문명을 스스로 믿지 않게 된 상태였다. 하물며 유럽인이 가진 최고의 것이라고 할 수 있는 자기비판에는 일본인은 조금도 주의를 기울이지 않았다. (……) 일본의 서구화가 시작된 시기는 유럽이 유럽 자신을 어찌 해결할 수 없는 하나의 문제로 느꼈던 시기와 불행하게도 같은 시기였다. 외국인이 어찌 그걸 해결할 수 있겠는가.

(『유럽의 니힐리즘』)

유럽 문명은 '필요에 따라 입었다 벗었다 할 수 있는

옷이 아니라 입은 사람의 몸뿐만 아니라 영혼까지도 변형시키는 불길한 힘을 지닌 것'인데, 일본인은 유럽 문명의 최상의 부분만을 떼어 자신이 갖고 있는 최상의 부분과 합치면 유럽을 뛰어넘을 수 있다고 믿을 수 없을 정도로 쉽게 생각하고 있었다. 그런데 여기서 빠져 있는 것은 유럽 문명이 진정으로 중시해온 '비판' 정신이다. '무언가 다른 것, 새로운 것을 체득하기 위해서는 먼저 자신을 자신에게서 소격, 즉 멀리 떼어놓을 수 있어야 하며 그리고 그처럼 자신에게서 떨어진 곳에 있으면서 다른 것은 모른다는 마음가짐으로 내 것으로 만드는 것'이다. 뢰비트가 말하는 '비판' 정신이란 '세상과 자기 자신을 보는 객관적이며 즉물적인 시선, 비교하고 구분할 수 있으며 자기를 외부에서 인식할 수 있는 시선'을 말한다.

이에 반해 일본의 철학연구자들은 '유럽적인 개념—예를 들어 '의지'라든가 '자유'라든가 '정신'—을 자신들의 자기 생활·사유·언어에 대응시키거나 내지는 그 개념들과 상이한 것을 구별도 하지 않고 비교도 하지 않는다.' 즉 그들은 외부에서 자기 자신에게로 돌아오는 일을 하지 않았다. 헤겔 스타일로 말하자면 타재他在(어떤 것에 대립하여 그것을 부정하고 변화·발전하여 이루어진 존재-편집자 주)에 있어서 자기를 잃지 않고 있을 수 없기 때문에 자유롭지 않은 것이다. 뢰비트는 그렇게 기술했다. 이제부터 그의 유명한 비유가 나온다. '일본인은 말하자면 2층짜리 건물에 살면서, 1층에서는 일본적인 사고를 하고 감각을 느끼면서, 2층에는 플라톤에서 하이데거에 이르는 유럽 학문을 끈으로 꿰놓은 것처럼 한 줄로 늘어놓았다'는 통렬한 비판이다. 이는 아마도 일본인 강단 철학자들이 2층에서 연구자로서 사용하는 언어와, 한 명의 생활인으로서 1층에서 소위 전학문적으로 사용하는 언어가 거의 가교 불가능할 정도로 동떨어져 있는 모습에 대한 경고일 것이다.

'비판' 정신이란 부정 정신이다. '부정하는 것의 건설적인 힘, 예로부터 전해져 내려와 지금 존재하고 있는 것을 활동 속에 유지하면서, 나아가 위 단계로의 발전을 촉진하는 힘'이다. '무릇 현존하는 것, 국가 및 자연,

신 및 인간, 교의 및 편견에 대한 비판—모든 것을 취하
고 파악하고 질문하고 회의하고 탐구하는 판별력, 이것
은 유럽적 생활의 한 요소로 이것 없이는 유럽적 생활
을 생각할 수 없다.' 그(유럽 스스로도 때때로 상실하곤 했던) 정신
이야말로 체득하지 않으면 안 된다고 뢰비트는 전하고
싶었던 것이다.

사고의 폐활량

사람이 철학에 애태우는 것은 지금 자신이 갖고 있는
도구로는 현재 직면한 문제를 원만하게 해결할 수 없을
때이다. 뭔가 지금까지와는 다른 방식으로 묻지 않으
면, 그것도 더 포괄적인 물음 속으로 자리를 옮기지 않
으면 해결되지 않을 거라는 느낌이 들었을 때이다. 그
래서 철학 서적의 안내에 따라 뢰비트가 말한 것처럼
'모든 것을 취하고 파악하고 질문하고 회의하고 탐구'하
려고 한다. 하지만 이 같은 사고에는 말하자면 큰 폐활

량이 필요하다. 자신에게 있어서 당연한 것에 의문을 품고 타자의 의견에 따라서 자신의 그것을 재고하면서 이것도 아니고 저것도 아니라며 논리적으로 계속 묻는 과정을 끝까지 걸어나가기 위해서는 마치 숨을 참으면서 잠수를 계속할 때와 같은 폐활량이 필요하다. 혹은 사고를 위해서라고 해도 좋다. 또 이것은 즉시 알 수 없는 것과 알 수 없는 채 교제할 수 있는 사고의 체력이라고 바꾸어 말해도 좋고, 금방 해소되지 않는 갈등 속에서 그 갈등이란 풍파에 계속 시달릴 수 있는 내성이라고 해도 좋다.

왜냐하면 개인 생활에서도 그렇고, 사회생활에서도 그렇고, 중요한 것일수록 답이 금방 나오지 않기 때문이다. 아니, 애초에 답이 없는 것도 있다. 따라서 인생 혹은 사회의 복잡한 현실을 앞에 두고 우리가 해야 하는 사고는, 모르더라도 그것이 중요하다는 것을 알아차리고, 그리고 모르면 모르는 채로 문제에 정확하게 대처하는 것이라고 할 수 있다. 이것을 전혀 다른 세 가지 상황을 예로 들며 생각해보겠다.

먼저 정치적인 사고에 대해 살펴보자. 정치적인 판단은 극히 유동적이고 불확실한 상황 속에서 이루어진다. 외교 정책이라면 각각의 의도를 헤아려 몇 가지 가능성을 상정하고 각각에 손을 써야 한다. 하지만 그러한 대처 자체가 관계 국가의 의도를 자극해 사태를 한층 복잡하게 할 수 있다. 국내 정책이라면 당장 직면한 불가결한 정책 A와 B가 있다고 할 때 ―예를 들어 경기 자극과 구조 개혁이라는 상반되는 정책―, 어느 것을 우선하느냐에 따라 A와 B 각각의 정책 유효성이 크게 달라진다. 정책이 놓인 상황 자체가 크게 달라져 버리기 때문이다. 따라서 A에 먼저 손을 댈 것인가, B를 먼저 실행한 것인가 하는 것을 늦기 전에 결정하지 않으면 안 된다. 하지만 어느 쪽이 유효할지는 아무도 알 수 없다. 미래를 내다볼 수 없더라도 결단을 내려야만 한다. 즉 결과를 모르는 채 모르는 것에 정확하게 대응하는 것, 그것이 정치적 사고에는 요구된다. 정치적 사고란 정략적인 교섭이기에 앞서 최선의 궁리이고 최악의 회피이며 우선도의 결정(가치 우선 · 후치 판단)―이를 배경에서 뒷받침하는 '가치의 원근법'이 철학이다―이므로 사람은 이때 최종적인 '정답'을 알 수 없지만 그럼에도 최상의 '정확성'을 추구하며 계속 생각해야만 한다.

다음으로 치료에 관한 사고를 살펴보자. 병원에서 어느 환자가 무척 심각한 병에 걸렸을 때 그리고 어떤 치료와 간호 방침을 취할지를 결정할 때 생각은 입장에 따라서 크게 달라진다. 의사의 입장, 간호사의 입장, 병원 스태프의 입장, 환자 가족의 입장, 그리고 무엇보다 환자 본인의 마음과 수많은 감정과 생각이 뒤섞인다. 그중 누구의 의견을 택하면 다른 누구는 납득하지 못한다. 즉 이때 정답은 없다. 정답은 없지만 스태프들은 유예도 없이 치료와 간병 방침을 결정해야만 한다.

마지막은 예술 영역에서의 사고이다. 예를 들어 작업 중인 화가는 자신이 표현하고자 하는 것이 무엇인지 사실 잘 모른다. 그리고 싶다, 표현하고 싶다는 충동만이 명확하게 존재한다. 하지만 그리고 싶은 게 무엇인지 스스로도 아직 파악이 안 된 상태이다. 그럼에도 여기는 이 색깔이 아니면 안 된다든지, 저기는 이런 선으로 그리지 않으면 안 된다는 필연성은 확실하게 존재한다. 따라서 그리는 중에 그림 속의 어느 한 색깔을 다른 색으로 바꾸면 전체를 처음부터 다시 그리지 않으면 안된다. 그리고 반드시 이것이어야만 한다는 필연성에 쫓기는 가운데 그림은 겨우 완성된다. 하지만 그 그림의 의미에 대해 물은들 대답하지 못한다. 화가 모토나가 사다마사元永定正는 자신의 작품에 대해 "이건 뭔가요?"라고 물으면 늘 "이건 이거예요!"라고 대답한다고 한다. 그런 의미에서 애매한 것을 애매한 채로 정확하게 표현하는 것, 한구석도 소홀히 하지 않고 정확하게 오로지 이것일 수밖에 없도록 표현하는 것, 그것이 화가의 역량이다.

이처럼 정치, 치료, 그림 등 어느 영역에서든 가장 중요한 것은 모르는 것, 답이 없는 것에 모르는 채로, 정답이 없는 채로 얼마나 정확하게 대처하는가 하는 것이다. 머리를 그런 식으로 굴리지 않으면 안 되는 것이 우리의 리얼한 현실인데, 많은 사람은 이와는 반대 방향으로 몰려든다. 알기 쉬운 말과 알기 쉬운 설명을 요구하는 것이다. 하지만 정말로 중요한 것은 곤란한 문제에 직면했을 때 즉시 결론을 내리지 않고 문제가 자신의 내부에서 입체적으로 보이게 될 때까지 이른바 계속 잠수하는 것이다. 지성의 폐활량을 늘린다고 하는 것은 그런 의미다. 양자택일 혹은 이항대립이 눈앞에 있어도 결론을 서두르지 않고 계속 버티는 것, 대립을 앞에 두고 깊이 사고하고 생각한 끝에 밖으로 나오는 것이 사고의 원형인데, 그러한 대립을 사전에 삭제해두는 것, 평준화해두는 것이 현대인들의 사고 추세라고 생각하지 않을 수 없다. 철학은 이 같은 추세에 대항해 지성의 폐활량을 단련하는 것이다.

사람은 마음대로 되지 않는 것과 이유를 알 수 없는 것에 둘러싸여 짜증과 초조, 불만과 위화감으로 숨이 막힐 것 같으면 우울함을 돌파하기 위해 자신이 처한 상황을 알기 쉬운 논리로 감싸버리려고 한다. 그 논리 속에 틀어박히려고 한다. 모르는 것을 모르는 채로 방치하고 있는 상황을 견딜 수 없기 때문이다. 그래서 알기 쉬운 이야기로 즉시 달려든다.

하지만 정말로 중요한 것은 어떤 사태에 직면했을 때 그것이 절대로 손에서 놓아서는 안 되는 것인지, 없어도 되는 것인지, 혹은 절대로 있어서는 안 되는 것인지를 정확하게 간파할 수 있는 판단력이다. 이를 위해서는 현재 자신의 관심과 당장은 접점이 없는 사고나 표현과도 접하는 것이 중요하다. 지금까지 자신의 관심사에는 없었던 다른 보조선을 그려 넣음으로써 보다 객관적인 가치의 원근법을 자기 안에 편입시키는 것이 중요하다.

알기 쉬움의 유혹을 멀리하면서 테오도르 아도르노 Theodor Wiesengrund Adorno는 이런 글을 썼다.

난해한 것, 감당할 수 없는 것이야말로 자신의 취향에 딱 맞는 것이라는 학생의 천진난만함, 그것만이 사상을 고무하는 것이다. 복잡한 것에 손을 대기 전에 단순한 것을 알아두어야 한다고 손가락으로 으름장을 놓으며 사상을 훈계하는 세상 어른들의 좁은 소견보다 현명하다. 그렇게 인식을 뒤로 미루는 방식은 인식을 방해할 뿐이다. 평이함이라는 약속과 진리를 작용 연관으로 보는 관점에 따르지 않는 에세이는 첫걸음부터 사안을 있는 그대로의 다층성으로 생각하지 않을 수 없도록 만들고, 이로써 통상 이성에 으레 따르기 마련인 구제할 길 없는 유치함을 교정한다.

(『문학 노트Noten zur Literatur』, 1958년)

아도르노가 여기서 말하고자 하는 것은 모든 것을 꿰뚫어 보려는 거만함과 초보적인 것부터 순서대로 '기반을 다지고 건축에 임하는 방식'만큼 사고를 정체시키는 것은 없다는 것이다.

혹은 이로부터 약 140여 년을 거슬러 올라가면, 헤겔은 철학이란 '사상 속에 사로잡혔던 시대'라고 한다. 철학이 이처럼 시대의 자기의식이라고 한다면 철학이 하는 일이란 누구나 어렴풋하게 느끼고 있겠지만 아직 정확하게 파악하지 못한 시대의 구조 변화에 개념적인 결정 작용을 일으키는 것이리라. 시대는 늘 그러한 발견적 언어를 갈망한다.

그런 시야를 개념으로 열기 위해서는 '우리' 삶에서

한참 떨어진 외부에 빛을 발하는 물체를 두고 세계를 보는 시선이 필요하다. '우리'의 사고 속에 안주하고 있으면 그런 보조선은 그릴 수 없다. 사람이 보고 싶어 하는 것은 오로지 자신의 시야 안에 있는 최고의 것뿐이다. 사람은 '우리'의 외륜산 너머의 또 그 외부에 시점을 두고, 소위 더 유치한 꿈을 꾸지 않으면 안 된다. 실제로 19세기에서 20세기에 걸쳐서 서구 철학자와 예술가들은 마르크스주의든, 정신분석이든, 구조주의든, 아방가르드 예술이든, 자신의 시선과 '밖'의 시선을 연결하는 것, '밖'을 자신의 중핵을 이루는 부분으로 끌어들임으로써 자기 사고의 근간까지 통째로 변환시키기 위해 시도했다. '프롤레타리아', '무의식', '광기', 길들여지지 않은 '살아 있는 예술(유아나 정신병자가 그린 그림)', 아프리카와 남태평양 등과 같은 외륜산보다 더욱 그 너머에 있는 '밖', 지금까지 보이기는 했지만 아무도 보지 않았던 이러한 것들과 정면으로 마주함으로써 자신이 의거하고 있는 세계에 대한 이해 구조를 해체하고 재구축하는 일에 몰두했다.

제2장
철학의 장소

1. 철학과 그 '외부'

그럼 다시 한 번 처음부터 시작해보자. 지금까지 일본에서 이루어진 철학의 왜곡과 그 이유에 대해 구구절절하게 얘기해왔는데, 이제 우리는 '철학한다'고 하는 것은 애당초 어떤 지적 작업인지, 그것은 어떤 형태로 가능한지에 대해 다시금 묻지 않으면 안 된다. 왜냐하면 철학이라는 사고 방법을 서양에서 일본으로 이식해온 이래 철학은 오로지 '철학사'라는 문헌 연구로서만 다루어졌기 때문이다. 하이데거는 일찍이 빈정거림을 가득 담아 이를 '철학-학Philosophie-Wissenschaft'이라고 불렀는데, 하이데거도 마찬가지로 여러 철학사 해석 및 강의를 자신의 철학적 사고의 자양분으로 삼은 것처럼 고전 문헌 연구는 철학적 사고의 서고—혹은 조금 더 공격적으로 무기 창고라고 명명하고 싶을 정도이다—

로서 중요한 의미를 지닌다. 하지만 이는 철학 자체, 즉 칸트가 말한 '철학하는 것Philosophieren'과는 다르다. 여기서 철학이란 '사상 속에 사로잡혔던 시대'라는 앞서 나왔던 헤겔의 말을 떠올려도 좋다. 헤겔의 이 말에는 철학은 학문 중 하나가 아니라 시대의 자기의식이라는 생각이 담겨 있다. 그렇다면 철학에도 역사가 있다. 철학 자체도 마찬가지로 역사의 한복판에서 동시대와의 거리를 가늠하면서 변형되어왔을 것이다. 그리고 우리 또한 철학을 사회의 다양한 현장으로 끌어들이고 싶거나 또는 끌어들일 수 있는 것으로 만들고 싶어 한다. 시대가 시대로서 자기의식을 갈고 닦을 때 철학은 어떻게 이용되는가? 그러한 용도로 쓸 때 버텨낼 수 있는 '그릇'으로서 연마하고 싶다고 생각한다.

철학의 존재 이유

    철학의 '존재 이유'가 때때로 문제시된다. 그것도 철

학연구자들에 의해서 말이다. 철학의 '외부'에서는 철학의 '존재 이유'가 문제가 되지 않는다. 사람들의 깊은 경험 속에는 이미 분명하게 존재한다고도 할 수 있고, 학과로서 철학이 존재하지 않아도 살아가는 데 아무런 불편함이 없다고도 할 수 있다. 철학의 '존재 이유'는 늘 '학문'으로서의 철학의 가능성을 생각하는 철학연구자들이 문제시한다.

그럼 지금까지 철학이라는 작업이 이루어진 장이 어디였는지에 대해 조금 더 구체적으로 부분적인 면부터 생각해보겠다. 학문으로서의 철학은 현재 대부분 대학이라는 기관 안에 저장되어 있다. 그러면 철학의 '존재 이유'를 묻는다는 것은 대학 안에서 철학이 자리를 잃었다는 뜻일까? 아니면 철학이 애당초 대학의 여러 학과 중 한 학과가 됨으로써 스스로 자리를 버렸다는 뜻일까? 바꾸어 말해 대학이란 장소에 있는 것이 애당초 철학에게 행복한 일이었을까? 철학의 '장소', 즉 '사람은 어디에서 사고하는가?'라는 사고하는 '장소'에 관한 물음을 아마도 제일 먼저 던져야 할 것이다.

철학의 '장소'에 대한 물음, 이는 대학이라는 '지혜'의 제도 속에서 철학이 차지하는 위치에 대한 물음이고, 동시에 그에 앞서 '지혜'의 공간에서 철학이란 작업이 차지하는 위치에 대한 물음이기도 하다. 이런 물음은 따라서 대학이라는 제도의 역사에 관한 물음과 '지혜'(철학과 다른 제반 학문)의 이념을 둘러싼 역사적인 반성과 관련지어 생각하지 않으면 안 된다. 예를 들어 데카르트도 이용했던 '지혜의 나무'(특히 그 뿌리)와 '아르키메데스의 점点'이라는 메타포, 지식의 '건축술적 통일'이란 칸트의 체계 이념, 나아가 이들과 연동되어온 '정초定礎'라든가 '절대적 지식'이라든가 '보편적 타당성'과 같은 철학의 원리적인 개념군이 철학의 '장소'에 대한 물음에서 먼저 문제시되어야 할 것이다. 철학은 지혜의 공간 어딘가에 스스로를 자리매김하려고 하지 않고, 오히려 갖가지 지혜가 그 안에 배치되어 있는 공간(의 존재) 자체를 문제로 삼는다고 여겨져 왔기 때문이다. 그리고 20세기만큼 철학이 '존재 이유'를 스스로에게 엄격하게 추궁했던 시대는 지금까지 없었던 것 같다.

무릇 사고라고 하는 것은 그것이 기능 부전에 빠졌을 때 스스로의 매체에 대해 사고하기 시작하는 것이 보통인데, 이는 (잠시 후에 자세하게 살펴보겠지만) 철학이 20세기에 '보편학' 혹은 '기초학'이라는 빛나는 계획 자체의 불가능성이란 사태에 직면했다는 것이기도 하다. 다니가와 간谷川雁이 일찍이 시詩의 종말에 관해서 했던 말을 빌려서 이에 대해 말하자면 다음과 같은 상황에 처해 있다고 할 수 있지 않을까?

시가 멸망한 사실을 모르는 사람이 많다. 지금 쓰이고 있는 작품 모두는 시가 멸망한 것에 대한 놀람과 안심, 시가 탄생하지 않는 것에 대한 실망과 위협을, 시의 형태로 표현한 것이라는 봉지 속에 넣어버릴 수 있다. 물론 그 안에는 어떤 쾌감을 자아내는 것이 없지 않다. 하지만 이는 결국 시가 아니다. 시자체는 아니다. 거기에는 한 가지 태도의 포기가 있다. 즉 이 세계와 몇 줄의 언어가 저울 양쪽 위에 올려진 채 흔들거릴 가능성을 전제로 할 수는 없게 된 것이다.

(「따뜻한 색의 비극暖色の悲劇」, 1965년)

철학의 '위기'를 이처럼 자기 가능성의 근원으로 되돌아가 생각해볼 필요는 분명히 있다. '위기'의 의미를 학문론적으로 더욱 추궁하지 않으면 안 되기 때문이다.

하지만 반대로 생각해보면 '철학의 위기'가 마치 '세계의 위기'와 하나인 것처럼 의식할 수 있었던 것은 철학자 최후의 행복한 착오였는지도 모른다. '하나, 어떠한 점에서 철학은 현재 그 최종 단계에 당도해 있는가? 둘, 철학의 죽음에 즈음하여 어떠한 사명이 사유를 위해 여전히 보존되어 남아 있는가?'(하이데거). 이와 같은 물음이 유네스코 회의 앞으로 보내진 보고서(「철학의 죽음과 사유의 사명」, 1964년)에 기재되어, 이것이 철학국제심포지엄에서 대독되는 시대는 어쩌면 아직까지 행복한 시대였는지도 모르겠다. 철학의 가능성 자체가 혐의를 받거나 ― 진정한 것의 규준을 제시한다는 전통적인 과제 자체에 대한 회의감이다―, 언어나 신체, 전통, 생활 세계와 같은 일찍이 철학적 반성에서 불순한 요소로서 배척되어 왔던 사고 외의 제반 사상을 이번에는 스스로를 가능하게 하는 매체로서 다시금 음미하기 시작하면서 자기 존재를 비판적으로 바라보는 것이야말로 철학의 위기의 징후라고 할 수 있지 않을까? 위장의 존재와 언어의 존재는 그것이 원만하게 기능하지 않게 됐을 때 처음으로 인식되기 때문이다.

하지만 더욱 중요한 것은 철학이 '반성'이라는 형식을 지니는 '우리의 사고cogito'와 관련되는 일로 간주됨으로써 그것이 누구 앞에서 누구를 대상으로 행해지는 것인가 하는 물음을 자신에게 던지지 않게 된 것이 아닐까 하는 철학자의 자문일 것이다. 철학의 '존재 이유'에 대해 생각할 때 먼저 이 부분부터 생각할 필요가 있다.

철학의 '외부'?

하지만 이는 아직 '학문 중의 학문'으로서의 철학 이야기이다. 이와 관련해서는 이미 살펴본 바와 같이 다른 견해가 한 가지 더 있을 수 있다. 그것은 철학은 최종적으로 단순히 학문적으로 확실한 지식이 아니라 '좋은 삶'을 향한 지극히 실용적인 물음으로 수렴하는 것이라는 견해이다. 이 견해에서 철학은 하나의 삶의 방식을 의미한다. 철학이란 다름 아닌 '철학적인 삶'이라는 사고방식을 단호하게 부정하는 사람이 철학연구자 중에는 적잖이 있지만, 한편으로는 이를 철학의 최종 도착점으로 생각하고 있는 사람도 또한 분명히 존재한다. 그리고 그런 사람들이 철학을 다름 아닌 '이론 중의 이론', '가장 순수한 이론'의 모델로 삼고 있다는 사실 자체가 이미 철학에 있어서 중요한 의미를 지닌다. 왜냐하면 이론은 실천 내지 응용의 반대말이고, 실천적인 것 혹은 가치적인 것, 즉 이데올로기나 가치관에 관여하지 않는 것이야말로 이론을 순수하게 한다고 생각하는 한 철학은 실천적인 것이 될 수 없기 때문이다. 관상theoria 이야말로 행위 중 행위라는 입장과는 정반대되는 입장이 근대 이론 개념에는 따라붙는다. 순수=비실천적인 이론의 전형으로 철학은 생각되어온 것이다.

철학이 '순수한 이론'이 되는 것에 동반되는 실천적 문제에 대한 이러한 폐쇄는 말할 것도 없이 '가치중립성'이나 '몰가치성'을 표방하는 객관주의적인 학문 이해 및 '기초학'으로서의 철학의 자기 이해와 분리해서 생각할 수 없다. 오랫동안 근대적 학문 이념의 틀을 형성해 온 제반 개념의 이항대립적인 구조, 특히 이론·실천, 사실·가치, 존재·당위, 기술성·규범성, 합리성·정서성, 공공성·프라이버시와 같은 대립의 전항前項을 합하면 근대의 학문 이념, 그중에서도 특히 실증주의적 학문 이념이 부상하게 된다. 그러면 이에 대응하는 실천적인 것은 당연히 이들 개념 대립의 후항後項을 합했을 때 성립된다. '객관성'이 '보편적 타당성'을 대신하게 되면, 실천적이며 보편적인 것은 그 고유의 자리를 빼앗기고 주관적이고 상대적인 것으로 전락하게 된다. 존재는 도덕 외적amoral인 사실로서 가치적 성격을 상실하게 되고, 지식이 있는 사람이 반드시 현명한 사람이라고는 할 수 없게 된다.

이를 바탕으로 우리는 한 번 더 물을 필요가 있다. 철학이 이처럼 힘을 잃게 된 것은 철학적 사고가 누구 앞에서 누구를 대상으로 행해지는 일인가라는 물음을 스스로에게 묻지 않게 됐기 때문이 아닐까라고. 철학자는 다름 아닌 철학의 외부를 더 의식할 필요가 있다. 철학의 '존재 이유'를 묻는다면 제일 먼저 철학의 바깥에 있는 사람들이 물어야 한다. 말할 것도 없이 이때의 '바깥'이란 대학의 외부나 철학연구자 집단의 외부라는 의미가 아니다. 철학은 늘 '메타' 차원을 포함한다. 무언가에 대한 물음은 그 물음 자체에 대한 물음을 자기언급적으로 포함하고 있지 않으면 안 된다는 의미이다. 비판은 자기비판을 내포하고 있지 않으면 안 된다. 그러한 자기 음미가 철학에서는 이론학이고 인식론이고 언어 분석이다. 그리고 이 '메타'라고 하는 것은 어떤 장소인가 하는 것이 문제이다.

이 문제에 대해 묻지 않고 갑자기 거리로 나가는 ─예를 들어 1980년대 독일의 '철학적 실천philosophische Praxis' 운동처럼─ 것은 기괴한 일이다. 참고로 Praxis에는 진료소라는 뜻도 있어서 '철학적 실천'에 '철학 클리닉'이라는 의미를 담는 사람도 있었다(이 운동에 관해서는 제3장의 3에서 다시 다루겠다).

'외부'라고 하면, 칸트 철학연구자라면 누구나 아는 유명한 문장이 있다.

　　통상의 인간 이성은 이 나침판을 손에 들고, 이것이 현실을 만나는 모든 경우에 (……) 무엇이 의무에 부합하고 무엇이 의무에 반하는지를 구별할 방법을 진실로 잘 숙지하고 있어서, 이때 이쪽에서 통상의 인간 이성에 무언가 새로운 것을 조금도 가르칠 필요가 없으며, 소크라테스가 옛날에 그랬던 것처럼 이성으로 하여금 이성 자신의 원리에 주의를 기울이게 하는 것으로 충분하다는 것. 따라서 또 인간은 정직하고 선량하기 때문에, 그뿐 아니라 현명하고 유덕하기 때문에, 무엇을 행해야 하는지 알기 위해 학문도 철학도 전혀 필요치 않는다는 것. (……) 통상의 오성은 철학자와 마찬가지로 올바른 이해에 도달할 수 있다는 포부를 가질 수 있으며, 그뿐 아니라 이 점에서는 철학자 자신보다도 틀림없다고까지 말할 수 있을 정도이다. (……) 그러므로 도덕 개개의 문제에 관해서는 통상의 인간 오성만으로 충분하다고 생각하며, 철학을 들먹이는 것은 기껏해야 도덕 체계를 한층 완비된 알기 쉬운 형태로, 동시에 도덕 규칙을 실용을 위해 (……) 편리한 형태로 제시할 목적일 때로 한정하고, 실천적 견지에서 통상의 인간 오성을 그 행복한 소박함에서 떼어내 철학에 따라 탐구와 지식 획득을 위한 새로운 길로 향하게 하는 것은 그만두는 편이 좋지 않을까 하고 생각한다.

(『윤리 형이상학의 정초Grundlegung zur Metaphysik der Sitten』)

　무엇을 행해야 하는지를 알기 위해 학문도 철학도 필요치 않다는 칸트의 생각은 또 다른 방식으로도 표명된다. 예를 들어『순수 이성 비판Kritik der reinen Vernunft』에서 '세계 개념의 철학'—'세계 개념'이란 '누구나 관심을 갖지 않을 수 없는 사안에 대한 개념'을 말한다—과 '학교 개념의 철학'의 구분에 주의를 촉구하는 부분이다. 여기에서 칸트는 '철학은 (철학에 관한 역사적인 지식이 아닌 이상) 결코 배울 수 있는 것이 아니며, 이성으로 말할 것 같으면 기껏해야 철학하는 것Philosophieren을 배울 수 있을 뿐이다'라고 썼다. 이 '철학하는 것'에 관해 말하자면 그야말로 이 '철학하는 것'이 대학과 학회와 같은 연구 기간에서 제도화됨으로써 그 자체로서는 비연구자에게 닫힌 영역에 존재하게 돼버린 것이 아닐까? 바꾸어 말해 '철학이 누구에게 말을 거는지를 스스로 묻지 않게 된 것이 아닐까?' 하는 것을 지금 묻지 않으면 안 된다는 것이다. 철학이 사고하는 기술 및 철학에 관한 역사적·문헌학적인 지식이 돼버리면, 이후 철학연구자는 아도르노가 말하는 '철학의 사감'—철학의 문 앞에서 사람들이 철학 기숙사에 들어갈 자격이 있는지 없는지를 엄격하게 묻는 감독자—, 혹은 철학의 관료나 기술관리자가 돼버리지 않을까?

20세기 철학

그런데 철학, 특히 20세기 철학은 사람들의 '철학하는 것'을 향한 애타는 마음에 적절하게 부응해오지 않았다. 부응할 수 없었다.

앞서 말한 바와 같이 철학이 시대의 자기의식이라고

한다면, 철학에도 20세기에 자리하게 된 역사적 위치라는 것이 있다. 지혜의 역사에 있어서 철학의 위치값에 커다란 변화가 움튼 시대 가운데 하나에 20세기도 포함된다. 그리고 이는 일본 철학이 '철학-학'으로서 출발하게 된 사정에도 적잖은 영향을 끼쳤다.

우리는 평소 위장의 존재를 의식하지 않지만 위장이 원만하게 기능하지 않게 되면 그 존재를 의식하게 된다. 이 같은 사태에 20세기 철학은 직면했다. 그것은 언어라는 철학적 사고의 매체가 되는 것이 시대를 묻는 데 있어 원만하게 작동하지 않게 됐다는 예감이고, 그로 인해 사고의 대상이 사고의 매체 자체, 즉 의미와 언어를 향하게 됐다. 소위 '철학의 언어론적 전향'이라고 부르는 사태이다.

일찍이 오르테가 이 가세트가 말한 것처럼 철학도 하나의 생명체이다. 토마스 아퀴나스Thomas Aquinas의 철학이나 헤겔의 철학처럼 세계의 모든 것이 거기에 쓰여 있는 것 같은 커다란 관념의 건축물을 구축할 때도 있고, 니체처럼 거의 모든 것을 부정하는 사상이 가장 리얼리티가 있을 때도 있고, 소크라테스의 '무지의 지' 혹은 데카르트의 '나는 생각한다. 고로 존재한다' 같은 심플한 사상이 언어 포화 상태 후 잔해로 가득한 풍경 속에서 신선하게 모습을 드러냈던 시기도 있다.

혹은 앞서 말한 '위장' 같은 존재는 아니지만, 철학도 마찬가지로 기능 불능 상태에 빠졌을 때 스스로의 매체에 대해 사고하기 시작한다. 그런 의미에서 20세기는 언어의 시대라고 할 수 있다. 철학이 이렇게까지 언어라는 주체에 집착했던 시대는 없었다. 니체는 세계는 '해석'의 산물이며 개인의 예상prospect이라고 했다. 후설은 언어의 '의미'에 대해 생각하는 것부터 철학 작업을 시작해 '기술記述'을 철학이 하는 일로서 중시했고, 하이데거는 언어를 '존재의 집'이라고 했다. 비트겐슈타인은 언어와 세계의 관계에서부터 시작해 '언어 게임'으로 사고를 발전시켰고 철학이 하는 일이란 쓸모없는 개념을 폐기하는 것, 즉 철학은 파리를 잡는 장치와 같다고 했다. 이들에 의해 20세기 철학의 커다란 회전축이 그려졌다. 언어를 사고의 매체라는 보다 넓은 의미로 파악하자면 20세기의 철학적 사고는 그 후 자신의 매체가 되는 것에 점점 더 많은 관심을 쏟기 시작했다고 할 수 있다. '기호', '구조', '해석', '패러다임', '개념 도식', '(인식의) 이해 관심' 등 사고와 세계의 사이를 연결하는 것이 주제로서 점차 부상하게 됐다. 마치 세계에 관한 모든 비밀이 언어 속에 있는 것만 같았다.

하지만 뒤집어 생각하면 이는 위기의 특징이기도 하다. 왜냐하면 철학은 더 이상 세계에 대해 직접적으로 말하지 않게 됐기 때문이다. 표현된 세계밖에는 문제로 삼지 않게 됐기 때문이다. 매체에 대해 사고하게 되는 것은 우리의 사고와 세계를 매개하는 것을 재편할 필요성을 어디선가 느끼고 있기 때문이다. 결국 사고가 세계를 현재의 언어로 잘 표현하지 못한다고 의식하게 됐다는 것이다. 이 점에서 즉 '세계' 존재 자체의 근원적인 변용을 강하게 의식하면서 문제를 파고들었다는 점에서 철학은 필시 시대를 훨씬 앞서갔다고 할 수 있다.

반대로 철학이 아니라 시대 자체가 철학적인 물음을 내부에 깊이 끌어안는 경우가 있다. 20세기 말에서 세기의 전환기까지의 시대가 대략 그러했다. 환경 문제, 생명 조작, 선진국의 인구 감소, 개호와 연금 문제, 식품 안전, 세계 경제, 민족 분쟁, 교육 붕괴, 가정과 커뮤니티의 공동화, 성차별, 소수 집단의 권리, 민족 대립, 종교적 광신, 공공성의 재구축…… 등 자연과의 관계, 사람들의 공존, 그리고 '삶의 보람'과 아이덴티티 같은 개인의 존재 근거를 둘러싸고 우리는 더 근본적인 차원에서 해결책을 쉽게 찾을 수 없는 난문에 당면했다고 해도 과언이 아니다. '나'는 누구인가? 정의와 윤리란 무엇인가? 국가와 민족이란 무엇인가? 화폐란 무엇인가? 성이란? 늙음과 죽음이란 무엇인가? 철학적이라고 할 수 있는 이러한 물음과 정면으로 마주 대하지 않고는 풀 수 없는 여러 가지 문제가 사회에 뿌리 깊이 침투해 있다. 현재, 오랜만에 철학이 나설 차례가 돌아온 것 같은 인상을(적어도 언론계에서는) 받는 것도 시대의 문제 자체가 철학적인 양상을 드러내기 시작했기 때문일 것이다. 이런 상황에서 철학은 그야말로 시대를 뒤쫓고 있다.

철학의 실천?

　이상에서 살펴본 역사적 위치를 염두에 두고 이번에
는 철학을 말하고 쓰는 것의 의미에 관해 묻도록 하겠
다.

　말하는 것과 행하는 것에 대해 철학은 무슨 일이 있을
때마다 말해왔고 써왔다. 철학으로써 말하는 것과 행하
는 것이란 무엇일까? 칸트를 흉내 내서 이를 '철학하는
것'이라고 부른다면, '철학'에 대해서는 반복해서 말해
왔지만 '철학하는 것'에 대해 말하는 것은 예외적이라고
까지는 할 수 없지만 결코 많지 않았다. 하물며 '철학'을
명백한 하나의 행위로서 행하는 것에 대해서는 거의 언
급된 적이 없다.

　물론 '철학한다'는 것은 어떤 작업인가라는 고자세를
취한 물음은 '철학하는 것'에서 '철학'으로 논의를 후퇴
하게 만든다. 따라서 '철학한다'는 것이 무엇을 하는 것
인지를 각각의 시대에 그때마다 다양한 담론이 교차하
는 가운데, 혹은 여러 가지 행위가 뒤섞인 가운데 묻지

않으면 안 됐다. '철학하는 것'도 마찬가지로 일상 생활 속에서, 구체적인 날짜를 지닌 시대의 한복판에서, 하나의 행위로서 이루어지는 것은 확실하기 때문이다.

철학은 어떤 의미에서 스스로 무엇부터 말하고자 하는지를 제일 집요하게 묻는 학문 중 하나라고 할 수 있다. 자신이 말하고 있는 '장소'를 자각하고 있다는 것은 그 장소에서 말하는 것과 쓴다는 것에 대한 물음도 포함한다. 그리고 그것은 (지정학이란 단어를 빌려 말하자면) 어떤 지정학적인 지점에서 말하는가라고 하는 정치성을 둘러싼 물음까지도 당연히 포함하는 셈이 된다. 이 문제는 잠재적으로는 모든 학문에 대해 말할 수 있는 것이다. 그런 의미에서 '철학'의 사고도 또한 이야기로서의 내용뿐 아니라 그 이야기가 어떤 사회적 내지는 지정학적인 위치를 점유하고 있는지에 대한 사고도 포함하고 있지 않으면 안 될 것이다.

한 번 더 말하겠다. 철학은 틀림없는 하나의 행위이다. 그런데 이를 새삼스럽게 철학의 실천이라고 말한다는 것은 이것이 어떤 목적 내지는 지향성을 가진 활동이라는 것이다. 그런 의미에서 모든 학문은 실천이라고 할 수 있다. 하지만 철학을 특히 실천으로 파악하는 데는 다소 뒤틀린 배경이 존재한다. 철학은 이론 중의 이론, 즉 관상theoria하는 작업으로, 무언가 구체적인 목적의 실현 및 효용을 목표로 하는 실천praxis과는 가장 거리가 먼 것이라는 이해가 지금까지 철학을 지향하는 자들 사이에서 공유되어왔기 때문이다. 이론과 실천이라는 양분법에 지독하게 사로잡혀 있는 면이 있기 때문이다.

철학의 여명기라고 할 수 있는 시대에 철학은 가장 실제적인 것, 즉 실천적인 것이었다. 바꾸어 말해 철학은 실천에 대해 논하는 것이 아니라 철학 자체가 의심의 여지 없는 하나의 실천으로서 여겨졌다. 아리스토텔레스Aristoteles를 예로 들 것도 없이 오로지 스스로의 사고 성과에 의해 규정되는 사람만이 진정으로 실천적이라고 생각했다. 즉 고대 그리스 시대에 "실천이라는 말과 개념이 본래의 장소를 차지하고 있는 개념 분야는 제1차적으로는 '이론'과의 대립에 의해, 또 '이론'의 응용으로 한정되어 있지 않았다"(가다머Hans-Georg Gadamer)고 하겠다.

그런데 근대라는 시대와 함께 철학은 실천에서 가장 멀리 있는 존재가 됐다. 이유는 철학이 '지혜의 지혜'라고 자기규정을 보다 강력하게 자신에게 부여했고, 학문의 기초, 오늘날로 말하자면 과학기초론이나 모든 영역에서 적용할 수 있는 일반이론과 같은 성격을 지닌 것으로 변형되어갔기 때문이다.

그런 가운데 앞에서도 살펴본 바와 같이 '실천'은 늘 '이론'과 대립되는 항목으로서 자리매김하게 된다. 예를 들어 빌란트W. Wieland는 「실천 철학과 과학론」이란 논문에서 이 점에 대해 다음과 같이 요약하고 있다.

오늘날 사람들이 과학 영역에서 이론과 실천의 매개에 대해 말할 때 응용이라는 범주를 이용하는 것이 보통이다. 응용과학이라는 개념이 기초를 두고 있는 것은, 실천을 면제받은 순수 이론이라는 것이 존재하며 이론의 성과는 나중에 인간의 행위와 정치적 판단의 영역 안에서 이론의 목적과는 다른 목적을 위해 이용된다고 하는 사고방식이다.

이를 뒤집어 말하면 이론은 현실 사회의 다양한 이해 관계와 가치 판단, 정치적 의도 등을 철저하게 배제하고 모든 실천적인 가치로부터 벗어나 자유롭게 개념적인 추론을 해야 한다는 것이다. 바꾸어 말하자면 여러 가지 실천과 관련되는 사안을 이론 입장에서 부차적인 사안으로 간주하는 '순수한' 이론이라는 이념을 통해 실천이 '응용'이라는 그야말로 왜소한 역규정을 받게 됐다는 말이다.

다시금 고대 그리스 시대로 돌아가서 말하자면, 아리스토텔레스의 분류로 잘 알려져 있는 바와 같이 인간의 활동은 관상theoria, 실천prāxis, 제작poiesis으로 분류되며 각각과 관련된 지혜의 이상적인 상태는 (A)관상적 지혜 episteme, nous, sophia, (B)실천적 지혜=사고phronesis, (C)제작적 지혜=기술techne이라고 한다. 이 세 가지 분류의 구분선은 먼저 (A)와 (B)(C) 사이에 있으며, 규준은 대상이 되는 사안의 성격에 의거한다. 즉 관상이 '그 이외의 방식으로는 불가능한 것(필연적인 존재)'과 관련되는 데 반해, 실천과 제작은 '그 이외의 방식으로도 가능한 것'

과 관련된다. 그다음에 (B)와 (C)가 활동 목적에 따라 구분된다. 즉 실천은 활동 자체(즉 '잘 행하는 것')에 목적이 요구되는 데 반해, 제작은 제작과 그 활동을 통해 만들 수 있는 것과의 관계가 문제시된다. 이처럼 아리스토텔레스에게 있어서는 '좋은 삶', '올바른 행위'에 관한 고찰이 윤리학과 정치학이란 형태로, 관상적 지혜 및 제작적 지혜와는 별개로 실천적 지혜로서 고유의 영역을 형성하고 있었다. 그런데 근대 서양에서는 이 (A)와 (B) (C)를 구별하는 지혜에 관한 아리스토텔레스의 구도가 붕괴됐고, 관상적 지혜로서의 이론(가치 외재적 이론으로서의 과학)과 제작적 지혜로서의 기술이 직접적인 연계 관계를 맺음—과학의 기술화와 기술의 과학화—으로써 관상적 지혜scientia contemplativa는 조작적 지혜scientia operativa로 변모하게 된다. '지혜'에 대한 이러한 고대 그리스적인 3항 관계의 붕괴에 관해 후지사와 노리오藤沢令夫는 논문「실천과 관상実践と観想」에서 다음과 같이 말했다.

(일관되게 몰가치적 혹은 객관적인 것을 명분으로 삼아온 근대적인 관상=이론으로서의) 자연과학이 하지만 (……) 그 식견에 내포될 가능성—대상을 있을 수 있는 모습으로 바꾸어 만드는 가능성—에 따라서 제작적 지혜인 기술과 합체하기에 이르렀다는 것은 합체된 그 '과학 기술'의 내부에는 스스로의 활동을 인간에게 가치(좋고 나쁨)가 있는 활동인가라는 관점에서 점검할 장치가 아무것도 없다는 것을 의미한다. 본디 제작적 지혜란 아리스토텔레스도 정당하게 인정하고 있는 바와 같이 본래 실천적 지혜의 지배를 받아야 한다. 제작물은 존재 자체가 목적이 아니라 어떤 목적을 위해 만들어지는 것인데, 이에 대한 좋고 나쁨을 인간의 '행복(eupraxia=잘 행하는 것)'이란 궁극의 목적에 비추어 고찰하는 것이 다름 아닌 실천적 지혜이기 때문이다. 하지만 제작적 지혜로서의 기술은 현재 이 같은 실천적 지혜를 철저하게 배제한 관상적(이론) 지혜로서의 과학과 직접 합체됐고, 그리하여 관상적 지혜가 '객관적'으로 확인한 대상 개량의 가능성은 인간의 최종적 가치(좋고 나쁨)를 충분히 고찰하기도 전에 즉각 그대로 신제품으로 현실화되기에 이르렀다.

이러한 철학적 지혜의 변용에 대한 위기의식과는 별도로, 그리고 이보다 앞서 아도르노가 철학의 이 같은 편협화에 대해 날카롭게 비판한 바 있다. '일반적인 합의의 틀에서 벗어난 것을 자극적이네 직감적이네 하는 허울 좋은 찬사를 들이밀며 내쫓는 것이 조직화된 학문(과학)인데, 어중이떠중이 너나 할 것 없이 삼라만상을 뜻대로 제어할 심산으로 설치는 영역과, 아직 학문(과학)이란 이름의 기업체에 점령당하지 않았으나 그야말로 그로 인해 제2종의 영업 종목으로 변하고 있는 분야의 공허하며 추상적인 잔해물에 만족하고 있는 철학'의 사이에서, 이 '양자의 협공으로 존재가 사라져 가고 있는 것'이야말로 '개념을 이용하면서 보통의 개념으로는 파악할 수 없는 것을 개척'하는 철학적 사고의 시도(에세이)라고 했다(『문학 노트』 참조).

모든 지식의 토대가 되는 '지혜의 지혜'로서 '제학의 여왕'으로서 떠받들어져 온 철학이 역사에 추월당해 '제2종의 영업 종목'에 만족하고 있는 모습을 아도르노는 여기서 조소 섞인 말투로 묘사하고 있다. 결국은 '에세이'의 복권을 평계 삼은 철학의 자기비판이다. 그 끝에서 철학의 실천이 현대에 다시금 문제시되고 있는 것이다. '이론'과 '실천'의 매개라는 것과는 완전히 다른 형태로 말이다.

2. 철학의 지혜——혹은 '기술의 기술'

철학은 과잉되게 말하는가?

철학은 무언가에 대해 어떠하다고 말할 때 동시에 그 이야기가 어떤 장소에서 행해지고 있는가, 또 어떤 권리 근거가 있어서 행해지고 있는가를 엄격하게 묻는 학문이다. 자신의 이야기가 확실하게 무언가를 언급하고 있다고 할 수 있는 그 근거를 냉정하게 음미하는 학문이다. 무언가에 대해 말하면서 그렇게 말하는 것의 의미도 동시에 묻는다는 점에서, 즉 자기를 소급적으로 묻는 메타 레벨을 반드시 포함한다는 점에서 철학은 본래 무언가에 대해 과잉되게 말하는 것이라고 할 수 있다. 그리고 그 '과잉'은 정말로 '불필요한 것'이 아닌가까지 묻는다. 철학이 지금까지 무엇보다 입론立論의 확실함과 엄밀함에 한결같이 집착해온 것도 그런 의미에서 이유가 없는 것이 아니다. 철학은 궁극적인 부분에서 모든 지혜의 토대가 되는 지혜, 즉 '기초학'이라고 뻔뻔하게도 철학 스스로 계속 주장해왔던 것은 전적으로 철학적인 지혜가 무릇 지혜가 지혜일 수 있는 그 근거를 끊임없이 물어왔기 때문이다.

하지만 생각하게 된다. 무언가를 확실하게 이야기할 수 있는 장소에 관한 물음이라고 할 때 '확실하게 이야기할 수 있다'는 것은 무엇일까? 철학만이 이야기의 '확실함'을 특권적으로 이야기할 수 있을까? '확실함'에는 오히려 여러 개의 규준이 있을 수 있지 않을까?

이런 물음에는 예를 들어 다음과 같은 물음도 연동된다. 그것은 철학의 사고는 과연 '제대로 된 토대를 마련

한 후 건축에 착수한다'(아도르노), 즉 사고의 방법적 기초
를 확정한 연후에 시작하는 것인가 하는 물음이다. 즉
무언가에 매료되는 것처럼 혹은 번개를 맞은 것처럼 시
작되는 것이 아닐까라는 물음이다. 세계에 대해 설령
완전하게 확정하고 있진 않더라도 혹은 임시적인 논의
더라도, 세계에 대한 어떠한 전망을 세우기 위해 철학
은 불려 다녔던 것이 아닐까?

'지혜의 지혜'가 아닌 '기술의 기술'

하지만 우리에게 더욱 중요한 의미를 지니는 것은 다
음과 같은 사태일 것이다. 철학이 세계와 그와 관련된
사람들의 '생生'에 관해 사람들이 하고 있거나 혹은 해온
갖가지 판단의 자기 음미라고 하더라도 사람이 그러한
엄밀한 명제에만 의지하며 살아온 것은 아니라고 하는
점이다. 최후의 근거가 발견되지 않더라도 사람은 그
러한 근거와는 다른 확실함을 갖고 살고 있다. '생'은 반

드시 확실한 지식을 손에 넣을 수 있는 것이 아니다. 하지만 그것은 확실함이 없다는 말은 아니다. 철학은 거기에서 생동하고 있는 확실함 또한 발견하지 않으면 안 된다. 철학은 어떻게 이야기할 것인가 뿐 아니라, 나아가 누구에게 말할 것인가 뿐 아니라, 오히려 누구에게 배울 것인가, 누구에게서 들을 것인가도 스스로 묻지 않으면 안 된다.

철학이 하는 일에 관해 다나카 미치타로田中美知太郎는 지극히 평이한 언어로, 하지만 지극히 결정적인 진술을 했다.

철학을 학문의 학문이라는 형태로 늘 다른 과학과의 관계만으로 생각하고 다른 학문과 같은 것으로 우리는 생각하는 경향이 있다. 하지만 '모든 것'을 갈망하는 철학은 그저 여러 학문 과학하고만 교제하는 것에 만족하지 않고, 인생의 실제에 더 직접적으로 교섭하려고 하는 것으로 생각해도 좋지 않을까? 즉 다른 전문 과학을 통해서가 아니라, 또 전문 과학처럼이 아니라, 철학은 철학으로서 생활의 실제와 연결성을 갖는다는 말이다. (……)

　문제는 '앎'을 사랑하고 갈구하는 철학이 지금 살펴본 바와 같이 우리의 생활을 바꾸는 작업과 어떻게 연결되느냐 하는 점이다. 소크라테스는 '앎'은 '행동'이 된다고 생각했다. 그렇지 않은 지혜는 아직 '지혜'라고 할 수 없다. 의학 지식은 병을 고치고 건강을 회복시키며, 건축 지식은 집을 짓는다. 병을 고치지 못하는 의학 지식이나 집을 지을 수 없는 건축 지식은 무의미하다는 것이다. 철학을 위해서는 이 같은 연결이 필요하며, 그러기 위해서는 철학을 갈구하는 지혜도 단순히 알 수 있는 것에 대해서만 생각할 수 있는 지혜가 아니라 아는 자를 의사로 만들고 건축가로 만드는 하나의 힘으로서의 지혜가 아니면 안 될 것이다. 이는 현실에 기술로서 존재하고 있다. 철학은 이들 기술의 기술이 아니면 안 된다.

(『철학 입문哲学入門』)

　다나카가 이렇게 말하는 전제에는 철학은 처음에 어떤 추상(자잘한 것은 무시)을 하고 거기서 발견된 문제를 파고드는 과학과 달리 늘 지혜의 '모든 것에 주의를 기울이는 것'이라는 사고가 있다. 이런 전제에서 그는 철학이 '지혜의 지혜'인 것 이상으로 '기술의 기술'이라고 말하고 있다. 이 '기술의 기술'로서의 철학의 존재 방식에 대해서는 조금 보충 설명을 할 필요가 있을 것 같다.

기술에는 몇 가지 종류가 있다고 다나카는 말한다. '지금까지 존재하지 않던 것을 새롭게 존재하게 하는 것과 관련된 기술'이 먼저 그중 하나이다. 다음으로 무언가를 만들어내는 게 아니라 '이미 존재하던 것을 새로운 형태로 처리하는 기술'이 있다. 여기에는 '이미 존재하고 있지만 아직 우리의 소유가 되지 않은 것을 우리의 소유로 담아내는 기술'과 '이미 존재하고 있는 것을 구분하여 품종 분류하는 기술'이 포함된다. 지식의 새로운 지평의 발견과 '비판'이란 철학 작업도 기술이란 관점에서 보면 여기에 포함된다. 그리고 세 번째로 '만들어진 것, 이미 존재하는 것을 잘 사용하는 기술'이 있다. 어떤 기술이든 기술에는 목적이 있다. 참고로 목적이 없는 기술은 '놀이'이다.

순수하게 관상적인 지식이라는 것도 분명히 존재한

다. 예를 들어 천문학 등은 '보기'는 한다. (앞에서 후지사와 노리오도 지적한 바와 같이) 근대 과학의 탄생과 함께 '보기'와 기술이 연계되면서 '보기'는 그저 쳐다보기만 하는 것이 아니라 그 대상을 움직이고 조작하며 보게 됐지만, 관측을 어떤 장치로 행하는지는 제쳐 두고, 이것도 '보기' 가 목적인 이상 관상적 지식이라고 할 수 있다. 한편 기술의 목적은 '보기'가 아니라 '만들기'에 있다. '발견'도 무언가 새로운 존재를 '시야에 받아들여 파악하는 것'을 목적으로 할 때는 기술의 영역에 포함된다. 그러면 '앎' 을 매개로 하는 '삶의 방식'으로서의 철학은 '보기'와 '만들기'의 중간에 존재하며 이들을 연결하는 것, 즉 앞에서 말한 제3의 기술인 '사용'의 기술로서 존재하는 셈이 된다. 이 경우 '사용'의 기술이란 '목적과 수단을 연결하는 기술'이고, 우리 행위의 최종 목적은 '이를 위해 다른 모든 것이 행해지는' 의미로서의 '행복'이므로, 이 점에서 철학은 "'무엇을 위해' '무엇을' 할 것인가에 대해 여러 가지로 함께 생각하는 커다란 연계 속에서 사람을 움직이고 사물을 움직이는" '정치'의 기술까지 포함해

'최상의 길과 최선의 연구를 요구하는 기술'이라고 할 수 있다. 과학 기술이 본래의 목적에서 벗어나 이를 능숙하게 다루어야 하는 우리를 반대로 지배하고 통제하는 상황으로 반전되고 있는 현대야말로 이러한 '기술의 기술'로서의 철학을 다시금 부활시켜야 한다고 다나카는 논한 것이다.

　'지혜의 지혜'로서의 철학이 아니라 '기술의 기술'로서의 철학이라는 견지에서는 이야기의 '확실함'의 규준 또한 지혜의 기초론으로서 지금까지 탐구되어온 '기초(정초)'와는 다른 차원에서 찾지 않으면 안 된다. 이는 자신의 가능성과 한계에 대해 끊임없이 묻는 것으로, 지그재그로 시행착오의 길을 걸을 수밖에 없을 것이다. 왜냐하면 "'무엇을 위해' '무엇을' 할 것인가에 대해 여러 가지로 함께 생각하는 커다란 연계 속에서 사람을 움직이고 사물을 움직이는" '정치'와 철학의 기술에 관한 최종적인 해답을 모르는 상황에서 사람은 하물며 최상의 확실함을 추구하며 계속 사고하지 않으면 안 되기 때문이다.

여기서 요구되는 '확실함'은 기초가 되는based · founded · grounded 명석과 분명clear and distinct도 아니고 또 증명된 demonstrated 것이나 검증된verified 것도 아닌 오히려 '납 득할 수 있는 것'이라고밖에는 표현할 수 없는 또 다른 이해 방식인지도 모르겠다. 이 '납득할 수 있는 것'은 지금까지의 표현 방식으로 말하자면 타당함validated에 가까울지 모른다. 하지만 나아가 타당하다는 것의 근거를 또다시 기초와 명석화, 증명과 검증에서 찾아서는 의미 가 없다. 거기에는 이들과는 다른 이해 방식과 합의 방 식이 있어야만 한다. 그것은 명제 내용에 관한 의미론 적 기초와는 다른 곳에 뿌리를 둔 합의이다.

'납득', 즉 일반적으로 정답이 없는 상황에서 얻을 수 있는 합의란 애당초 어떤 성격을 띨까? 여기서 예로 들 기에 반드시 적당하다고는 할 수 없지만 과거에 가정법 원 조정위원으로 근무했던 지인의 경험을 들자면, 이혼 조정을 할 때 쌍방이 각자 하고 싶은 말을 남김없이 쏟 아내고 "더는 손 쓸 방법이 없다!", "이젠 포기하겠다!" 며 단념하면 바로 그 순간 비로소 교섭의 길이 열린다고 한다. 소송 과정과 논의 과정이 다 끝나야 비로소 열리는 길이 있다고 했다. 정답이 하늘에서 뚝 떨어지는 것은 아니다. '이해할 수는 없지만 납득할 수는 있다', '해결되지는 않았지만 납득할 수는 있다'는 사태가 발생하는 것이다. 이 같은 '납득'은 끝없는 논의에서 쌍방이 끝까지 달아나지 않았고 포기하지 않았다는 사실을 확인한 후에야 비로소 생기는 것이리라. 길고 힘든 논의와 양보할 수 없는 주장을 주고받은 끝에 그런 고통스러운 상황에서도 쌍방이 끝까지 논의라는 씨름판에서 기권하지 않았다는 사실에 문득 생각이 미친 순간, 처음으로 상대에게 다가가서 상대방 내면의 아픔을 진정으로 들을 수 있게 되는 것이다. 이런 종류의 '확실함'도 우리의 사고와 논의에는 소위 작법으로서 존재할 수 있는 것이다. 그리고 이러한 '납득'을 가져오는 시간, 혹은 '납득'하기까지 걸리는 시간을 철학도 마찬가지로 삭제해서는 안 된다고 생각한다. 최종적인 해결책이 보이지 않지만 그럼에도 불구하고 계속해서 묻는 철학의 작법, 즉 '지혜를 사랑하는 것philosophia'으로서의 철학에 스스로 피어나는 여러 가지 물음에 담장을 두르지 않는 아마추어(amateur, 즉 '지혜' 애호가)로서의 면모가 있는 것도 그러한 사정이 있기 때문이 아닐까?

지혜의 또 다른 확실함

이러한 관점에서 보면 지금까지 일본의 철학은 상당히 건방지고 불손했다고 말하지 않을 수 없다. 철학적 사고에 있어서 '확실함'에 대한 요구가 사람에게 강요돼서는 안 된다. 지혜의 '모든 것에 주의를 기울이는' 철학은 다시점성多視點性을 존중해야 한다. 설령 그것이 언젠가 냉혹한 음미를 당하게 되더라도 일단은 다른 시점과 다른 방식을 상정하는 것을 게을리해서는 안 된다. "'엄밀한 방법'에 의해서만 철학적 사상을 펼치면 오히려 많은 것을 잃게 된다"고 쓰루미 슌스케鶴見俊輔는 경고한다. 모든 생각과 주장을 일단 수용하는 장, 이런 발언을 했다간 비난을 받지 않을까 하는 불안 없이 발언할 수 있는 장이 먼저 마련되어야 한다. 이는 '전문화되고 직업화된 철학 너머에서 철학 문제를 추구하지 않으면 안 된다'는 다나카 미치타로의 경고와도 일맥상통한다.

쓰루미 슌스케는 『미국 철학アメリカ哲学』(1950년)에서 이렇게 말했다.

> 만년에 제임스가 집을 신축하고 친척 중 한 사람에게 보낸 편지에 '이건 좋은 집입니다. 집 도처에 출입구가 있어 밖에 나가고 싶을 때는 즉시 어디에서든 야외로 뛰어나갈 수 있습니다'라고 썼다. 제임스의 마음에도 이 집과 마찬가지로 많은 출입구와 창문이 있어 자신이 가고 싶은 방향으로 즉시 뛰어나갈 수 있었다. 이쪽 방향으로든 저쪽 방향으로든 가벼운 마음으로 외출해 시사하는 바가 많은 생각을 흩뿌리며 걸어 다녔다.

철학 서적에 관해서도 이와 같은 말을 할 수 있다. 이에 대해 쓰루미는 또 다음과 같이 말했다.

학술 논문을 통해 '~이다', '~이다'라며 딱 잘라 단언하는
형식으로 철학을 발표하는 것이 철학의 유일한 발표 형식이라
고 생각하게 된 것은 사실 최근으로 옛날부터 그랬던 것은 아
니다. 플라톤 철학은 대화극이고, 루크레티우스Titus Lucretius
Carus의 「사물의 본질에 대하여De Rerum Natura」는 장편 시이
다. 파스칼은 고백으로, 공자는 격언으로 철학을 펼쳤다. 오랫
동안 학술 논문이란 형태에 숨어 음침하게 개인적인 감개 및
불평을 늘어놓던 철학이 다시금 그 껍질을 버리고 다양한 영
역으로 분산되려 하고 있다.

쓰루미는 여기서 "'단언하는' 술어 대신 형식에 구애
되지 않으면서도 더 센스 있는 표현법"이 있을 것이라
고 생각한다. 특별히 강인한 두뇌를 갖고 있는 사람은
제쳐 두고, 보통 사람에게 한계까지 사고를 파고드는
것은 오히려 '귀찮은' 일이기 때문에 '뒤로 미루고' 싶어
한다. 따라서 사람들에게 '철학을' 권할 때는 하나의 '방
편'으로서 더 '가벼운 말'을 쓰는 것도 좋을 것이다. 그러
면 '지금까지 곧잘 실패하던 사색도 이로써 더 경쾌하고

즐겁게 하게 될 것이다.' 그러다 보면 뜻밖의 '묘안'이 떠오르기도 한다. '옥석'은 나중에 가리면 된다는 말이다.

살아가는 데는 논리적인 확실함과 정밀함과는 또 다른 확실함과 정밀함이 때때로 필요하다. 논증되지 않은 것에 몸을 맡기는 것도 필요하다. 아니, 오히려 그편이 진정한 의미에서 지혜를 필요로 할 것이다. 그러한 판단 전체에 걸쳐서 '철학'이라는 것이 사람들의 생활과 어떻게 관련될 수 있는가? 관련되어왔는가? 그것이 문제이다. 다나카가 말한 '기술의 기술'로서의 철학을 익힌다는 것은 사실 사람들이 어떤 방침으로 어떻게 처신하고 있는지를 먼저 제대로 보고 듣는 것을 의미한다. 명제 체계로서의 내부적 정합성에 구애되기 전에 먼저 철학의 '밖'과 자신을 연결해 나가야 할 것이다. 언젠가는 '밖'을 한 번 더 추상하는 작업이 요구되더라도 일단 하지 않으면 안 되는 일은 사람들의 일상적인 행위를 보고 듣는 것이다. 이와 관련해 쓰루미가 적출하려는 철학 애호가의 특유의 병이 있는데, 다음과 같은 태도이다.

젊은 학생들이 철학에 마음을 빼앗겼을 때 자주 보이는 한 가지 성향이 있다. 그것은 사실에 대한 병적인 냉담함이다. 여기에 연필 한 자루가 있다고 하자. 육각형이고 초록색으로 칠해져 있으며 이름은 '코린 연필'이다. 제도용 연필로 단단함은 HB이다. 다무라초田村町의 ○○상점에서 구매했다. 손으로 들어보면 다른 연필보다 훨씬 가볍다. (……) 이러한 구체적인 사실을 철학 애호가는 신경도 쓰지 않는다. 이 연필 한 자루의 이 같은 구체성과 특수성을 파악하는 데는 관심이 없다. 연필 한 자루조차 하나의 '실재'로 파악하지 않고는 직성이 풀리지 않는 것이다. 이 연필을 하나의 '실재'라고 부르며 '특수자'로서 논할 때 비로소 그들의 눈은 반짝이고 얼굴은 홍조를 띤다. 차 한 잔을 마시는 구체적인 동작 속에서는 기쁨을 발견하지 못하고, 짐짓 '미란 무엇인가?', '최고선이란 무엇인가?' 하는 문제를 논한다. 평소 생활의 주된 구성 인자를 이루는 개개의 가치와 개개의 사물에서 흥미를 느끼지 못 하는 자는 결국 불행할 것이다.

쓰루미 또한 다나카와 마찬가지로 철학을 기술 문제

로 생각할 것을 제창하고 있다. '개념을 구체화하는 것'
이 그만큼 어려운 과제라는 것을 절감하고 있기 때문이
다. '구체적으로 생각하는 것'은 간단하지만 이를 실제
로 행하는 것은 지극히 어려운 일이라는 것을 너무나도
잘 알고 있기 때문이다. 쓰루미는 그래서 지극히 구체
적인 '철학 방법'을 제안한다. 예를 들어 다른 모든 분야
에서 실제로 학문하고 있으며 또 현실과 맞붙어 싸우고
있는 사람들의 방식과 연결하기 위해 '앞으로의 철학은
철학적 문제에 관한 물리학자의 메모, 역사가의 메모,
인류학자의 메모, 공무원의 메모, 노동자의 메모, 교사
의 메모, 환자의 메모, 어린이의 메모 등의 통합의 장으
로서 재건되어야 하지 않을까?'라고 한다. 혹은 철학 트
레이닝으로서 학기 말 리포트에 '패전(제2차 세계대전이 끝난
1945년-편집자 주) 후 도쿄의 중산 계급에 플라톤주의자, 토
마스주의자, 듀이주의자가 있었다면 이들은 어떤 생활
을 했을까?'라는 주제로 소설이나 대화, 혹은 각본을 쓸
것을 권한다.

3. 철학과 '교양'

세계 이해의 구조

이 같은 쓰루미의 서술과 담론의 다양화에 대한 촉구는 사실 앞서 언급한 20세기 철학의 경위와 깊이 연동된다. 나는 이 장 앞부분에서 이렇게 말했다. "20세기의 철학적 사고는 그 후 자신의 매체가 되는 것에 점점 더 많은 관심을 쏟기 시작했다고 할 수 있다. '기호', '구조', '해석', '패러다임', '개념 도식', '(인식의) 이해 관심' 등 사고와 세계의 사이를 연결하는 것이 주제로서 점차 부상하게 됐다. 마치 세계에 관한 모든 비밀이 언어 속에 있는 것만 같았다"라고.

이를 조금 더 다른 시점에서 바꾸어 말하면 철학적 사고가 이제는 과거와 같은 '반성'이라는 독백—고전 문헌 및 그 해석 문헌을 통한 다른 철학연구자와의 대화라는 의미에서는 이것도 대화이기는 하지만—이 아니게 됐다고 할 수 있다.

'기호', '구조', '해석', '패러다임', '개념 도식', '인식의 이해 관심'……. 이들은 우리가 사고를 시작할 때 도저히 해제할 수 없는 사고의 역사적 조건이다. 우리는 무언가를 그 근원에서부터 다시 사고하려고 해도 완벽한 백지 상태로 돌아갈 수는 없다. 사고는 늘 언어로 이루어지기 때문이다. 그리고 이때 구사하는 언어는 우리가 무에서 창출한 것이 아니다. 언어는 늘 이미 앞서 존재한다. 우리는 언어에 정착하는 것에서부터 삶을 시작한다. 언어에 의해 조직된 의미의 모형母型, 즉 세계 이해의 구조는 우리가 창출한 것이 아니라 우리가 사고하기에 앞서 늘 이미 거기에 존재했다. 이처럼 언어를 이리저리 조작하며 우리는 사고한다. 그러한 언어의 밖으로 나가서 사고하는 것은 불가능하다. '밖'으로 나가기 위해 신조어를 끼워 넣거나 문법에서 벗어나기 직전의 아슬아슬한 표현을 생각해내는 등 언어에 무리를 강제할 수는 있지만 말이다. 사고는 이처럼 항시 어떤 역사적 경위에서 시작할 수밖에 없다.

이는 늘 학문의 기초에 대해 생각해온 철학에 있어서 묵과할 수 없는 사태이다. 동시대의 과학과 이데올로기에서 한 걸음 물러나더라도 엄밀한 그만의 독자적인 사고를 펼치는 '철학적 반성'이라는 특권적 장, 비역사적인 장이 정말로 가능한지 철학은 스스로에게 묻지 않으면 안 되게 됐기 때문이다. 이에 대해 캐묻는 과정에서 현대 철학은 너무 부정적인 방향으로 치우친다고 걱정하는 사람이 있을 정도로 냉정하게 자기 언급과 자기비판을 반복했다. 반성의 학문이란 이름에 충실하게 말이다. 예를 들어 근대의 주관성 철학이 주관성에 달라붙어 있는 불순물로서 혹은 단순한 외피로서 차례로 사상捨象해온 우리 경험의 사실적인 제계기諸契機, 예를 들어 인지 매체로서의 신체와 기호, 혹은 타자와의 커뮤니케이션 형식과 문화 속에 침전하는 전승적 지혜가 '초월론적 반성'이라는 특권적으로 칭송되어온 것 내부에서 재발견됐다. 이리하여 '지혜' 일반의 기초가 되는 '기초학'

으로서의 철학 자체가 사회의 역사적 변용 속에서 어떻게 생성되어왔는지 문제시되기 시작한 것이다. 지혜의 비판이 사회의 비판과 깊이 교착되기 시작했다. 철학의 보이지 않는 틀과 복잡한 여러 문제들problematics(문제 계열, 문제 설정의 장) 자체의 역사성에 철학적 논의 대부분이 초점을 맞추기 시작한 것이다.

철학적 사고 또한 항시 어떤 역사적인 경위에서 시작할 수밖에 없다고 해서 사고가 어떤 역사적 경위를 벗어날 수 없다거나 극복할 수 없다는 말은 아니다. 바꾸어 말해 모든 사고는 기정既定의 의미 조직이라는 역사적 조건의 내부에만 존재할 수 있는 것이므로 역사를 넘어서는 지혜의 보편적인 아프리오리a priori(칸트 및 신 칸트학파의 용어로 경험적 인식에 앞선 선천적이며 선험적인 인식과 개념을 의미-역자 주)는 있을 수 없다는, 즉 '진리'는 역사적·문화적으로 상대적인 것일 수밖에 없다는 것은 아니다. 확실히 진리는 (해석 도식이나 개념틀, 생활 형식, 패러다임 등으로 다양하게 표현되는) 일정한 지적 구조에 상대적인 것이기는 하다. 여기서 말하는 '상대적'이라는 것은 하나의 궁극적인 진리는 존재하지 않는다는 것도 아니고, 진리는 여러 개라는 것도 아니며, 진리는 늘 어떠한 구조와 연동되는 것이고 그러는 이상 상대적으로 진리라는 의미이다. 즉 여기에서는 진리의 복수성이 아니라 진리 조건의 복수성이 문제가 되고 있는 것이다.

하지만 진리가 일정한 역사적 지적 구조에 상대적이라는 것이 즉시 다른 문화와 다른 세대, 다른 시대 사이의 상호 이해가 불가능하다는 주장—스페르베르Dan Sperber는 이를 '다른 문화에 속하는 사람은 다른 세계에 산다peoples of different cultures live in different worlds'라고 정식화했다—으로 이어지는 것은 아니다. 왜냐하면 '(어떤 특정한) 세계에 산다'고 하더라도 그것이 외부에서 어떤 닫힌 공간 속으로 들어가는 것을 의미하지는 않기 때문이다. 만약 우리가 그런 의미 조직에 몸을 삽입함으로써 한 개인으로서 그 행위를 구조화할 수 있게 된 것, 바꾸어 말해 세계를 어느 정도 정렬되고 안정된 '실천의 장'으로서 편제하는 것이 가능하게 된 것을 '오래 살아서 익숙한 장소'라는 뜻으로 에토스ethos라고 부른다면 확실히 우리는 생의 근저에서 일정한 역사적인 사회의 에토스 속에 통째로 포함되어 있다고 할 수 있을 것이다. 다시금 자기 경위를 반성적으로 재파악하기에 앞서 그때마다 선행적으로 타당한 갖가지 익명적인 의미의 장—예를 들어 사물의 범주적인 구조 분절, 세계와 사회의 제반 영역의 경계 설정, 나아가 이에 기초를 둔 학문 분류 시스템, 혹은 신화, 예술, 상식, 갖가지 제도, 의례, 관습적인 행동 양식과 그 이해 등의 내부에 마치 웅덩이처럼 정체되어 가라앉아 있는 세계 해석의 갖가지 암흑 구조—에 정착해 사는 것에서부터 우리의 삶은 시작됐기 때문이다. 하물며 이들 구조들은 총체로서 체계적systematic으로 통합되어 있지도 않다.

상대주의를 둘러싼 논쟁

여기서 문제로서 부상하는 것이 이른바 상대주의를 둘러싼 문제이다. '다른 문화에 속하는 사람은 다른 세계에 산다'고 정식화된 생각을 다른 말로 바꾸어 표현하자면, 세계는 서로 통약 불가능한(즉 공통분모를 지니지 않는) 다형적인polymorph 현상이라는 것이다. 만약 글자 그대로 그렇다고 한다면 진리라는 것도 각각의 역사적인 사회가 내장하고 있는 지적 구조에 상대적인 것이 된다. 역사·문화를 넘는 보편적이고 타당한 진리는 존재하지 않는 셈이 된다.

하지만 '다른 문화에 속하는 사람은 다른 세계에 산다'는 정식에는 두 가지 사안이 암묵적인 전제로 포함되어 있다고 매킨타이어Alasdair Macintyre는 말한다(「Relativism, Power and Philosophy」, 1985년). 먼저 우리는 자기 자신의 '개념틀' 속에서 살고 있다inhabit는 것, 다음으로는 자신들 이외의 사람이 갖고 있는 개념과 신념을 이해하기 위해서는 자신들의 그것에 대한 '번역'에 의지할 수밖에 없다는 두 가지이다. 이 두 가지를 전제로 하면 당연한 이야기지만 이문화간의 상호 이해는 불가능하다는 통약불가능성의 주장과 문화횡단적인 비판의 가능성을 부정하는 논의에 이르게 된다. 그리고 사고와 인식 모형母型의 복수성을 인정한 상대주의가 아이러니하게도 하나의 독아론, 즉 사고와 인식의 분리Apartheid(각각의 모형에 가둠)로 전락해버린다. 왜냐하면 사고와 인식의 모형이 되는 것의 복수성은, 각각의 모형이 되는 지적 구조와 그것으로 '번역'된 다른 문화 구조와의 관계에 지나지 않기 때문이다.

상대주의에 반대하는 사람들은 일견 다른 복수의 지적 구조의 배경에서, 혹은 그것을 표층의 사태라고 생각하고 그 심층에서, 하나의 불변항invariant을 찾으려고 한다. 세계의 다형적인 현상의 배경에서 일정한 '인지적 보편cognitive universals'을 발견하고 그 변이항variant 내지는 편차로써 다형성과 통약불가능성을 넘어서려고 한다. 하지만 인식 모형의 복수성을 주장하는 사람들 입장에서 이것은 우리의 구체적인 경험 지평을 넘어서는 어떤 이념적 레벨에서 가상된 단순한 논리적 구축물logical construction—이것 또한 당연히 그들의 지적 구조 속에 존재한다—을 근거로 설명하고자 하는 독선적인 게임에 지나지 않는다. 즉 그들의 반상대주의 자세야말로 독아론적이라고 할 수 있다.

상대주의를 둘러싼 이러한 논의의 순환에서 빠져나가기 위해서는, 사람들은 일정한 문화의 지적 구조 속에 '살고 있다', 그리고 다른 문화의 지적 구조에는 '번역'을 통해서만 접근할 수 있다는 전제 자체를 문제로 삼지 않으면 안 된다는 이야기가 된다. 이러한 논의의 순환이 발생하는 것은 언어를 파악하는 방식에 문제가 있기 때문이라고 문화인류학자 하마모토 미쓰루浜本満는 지적한다. 그는 '가교 불가능한 이문화라는 개념은 언어 특성에 대한 오인의 패러디로서만 성립한다'며 다음과 같이 말했다.

> 상대주의자와 반-상대주의자가 벌이는 헛된 논쟁(……)이 걸핏하면 등한시하는 것은 언어는 자기 내부에 자기 자신과의 '불일치'를 포함하고 있으며 또 부단히 그러한 '불일치'를 생산함으로써 특징지어지는 체계라는 언어에 관한 지극히 기본적인 사실이다. 시인의 활동이 이를 가장 극단적으로 예증하지만 딱히 시인을 예로 들 것까지도 없다. 우리의 일상적인 언어

사용 과정도 결코 그것과 다르지 않다. 아이가 어른의 성숙한 개념을 습득하기에 앞서 그 언어를 사용해 말하는 방법을 배운다는 사실 자체가 애당초 우리가 언어를 본래 '불일치'가 존재하는 것으로서 습득한다는 점을 명료하게 말해준다. 이 '불일치'는 늘 상대적이다. 즉 확실히 한 집단 내의 언어 사용 전반이 비교적 안정된 체계를 지향한다고는 할 수 있지만, 언어의 '본래의 용법'이나 '문자 그대로의 의미' 등을 가정하거나 확정하려고 하는 노력이 매번 곤란에 빠지는 사실이 보여주는 바와 같이 '불일치'가 그것과의 관계에서 측정될 수 있는 절대적인 기준이나 부동의 중심이 아프리오리에는 존재하지 않는다. 이문화 이해 및 타자 이해, 시의 이해가 애당초 가능한 것도, 그리고 블로흐Maurice Bloch 같은 인류학자가 '보편'에 대해 이야기할 수 있는 것도, 자신의 내부에 '불일치'를 산출하고 언어 사용자로 하여금 이를 마음껏 구사하도록 허용하는 인간 언어의 이러한 특징 덕분이다.

(「문화상대주의의 대가文化相対主義の代価」, 1985년)

여기에서는 지각적으로 경험한 사물을 다른 방식으

로 재현하는 것으로서 언어를 파악하는 사고방식을 단호하게 부정하고 있다. '말하는 것 내지 쓰는 것은 바로 하나의 경험을 번역하는 것인데, 이 경험은 그것이 야기하는 언어행동parole에 의해서만 원문이 될 수 있다'고 쓴 메를로 퐁티를 흉내 내서 말하자면 경험(=원문)은 언어로 번역하는 과정에서 처음으로 경험이 된다고 하겠다. 경험의 구조화가 경험의 번역(=언어로의 변환)으로서만 가능하다면, 적어도 우리 경험의 내부에는 번역으로서의 이해가 늘 되돌아가지 않으면 안 되는 부동의 참조축 —'의미의 영도零度?'— 같은 것이 존재하지 않는다. 하마모토는 또 '확실히 어떤 언어든 그 언어로 말할 수 있는 현실밖에는 말할 수 없다고는 하나 유일한 현실밖에 말할 수 없는 언어 또한 존재하지 않는' 이상, '다른 현실 이해에 별개의 인식 체계를 상정하는 것도 넌센스이다'라고도 썼다. 그러면 우리는 분명히 이문화의 다른 현실 이해를 이른바 '자신이 갈고 닦은 렌즈를 통해 볼 수밖에 없다'(기어츠Clifford Geertz)고 하더라도 그러한 다른 현실 이해에 접촉했을 때 중요한 것은 이를 자신의 이해의 틀 내부로 번역하는 것이 아니라 오히려 번역 불가능한 것의 존재가 우리 현실 이해의 어떠한 변환과 재편성을 촉진하고 동기부여 하는지를 보는 것이다.

우리의 이해의 틀이라는 가공의 장소에 서서 다른 이해의 틀과 대면적으로 마주하는 것은 문제가 아니다. 그것이 문제가 아니라 경험이 기정의 구조적인 배치에서 벗어나 다른 가능적 배치로 어긋나 들어가는 전위와 변환의 운동이, 그 같은 다른 운동과, 말하자면 측면적으로 서로 교차하는 장소가 문제이다. 이를 메를로 퐁티는 상공에 가로질러 설치된 (반-상대주의자가 말하는) '인지적 보편'에 대항해 '측면적 보편un universel latéral'이라고 불렀다.

이문화와의 관계는 서로 교환 가능한 대칭적인 관계가 아니다. 그 둘을 서로 비교하는 제3의 부감적이며 중립적인 시점은 존재하지 않기 때문이다. 이러한 제3의 위치의 부재에 관해서는 레비나스Emmanuel Lévinas가 자·타의 관계에 입각하여 다음과 같이 썼다.

자아와 타인의 부등성은 우리를 숫자로서 셀 수 있는 제 3자에게는 나타날 수 없는 부등성이다. 이 부등성은 다름 아닌 자아와 타인을 포섭할 수 있는 제3자의 부재이기 때문이다. (……) 이 근원적 다양성은 다양한 개인성에 대해 생기生起하는 것으로, 다양한 존재의 외부에서 숫자를 셀 수 있는 일개의 존재에 대해 생기하는 것이 아니다.'

바꾸어 말해 부등성은 '외적 시점의 불가능성' 속에 있는 것으로, 자타의 관계를 같은 하나의 기반에서 파악하는 것을 가능하게 하는 특권적인 평면은 존재하지 않는다—세계 이해 구조의 모태라고 할 수 있는 것, 즉 '역사적 선험성'이 여러 개 존재한다고 하는 것은 그런 것이었다—. 자타의 관계를 부감하고 이를 상호적인 것으로서 다룰 수 있는 제3자의 시점(레비나스가 말하는 전체성의 시점)에서 전망되는 관계는 결코 타자와의 관계가 아니다. 타자는 어떠한 형태로든 '어떤 공통의 실존에 나와 함께 관여하는 또 하나의 나 자신'이 아니다. 말하자면 이처럼 중성화된 타자의 타자성은 '동화'(자기로의 통합)

의 조작 속에서 조정措定(존재를 긍정하거나 내용을 명백히 규정하는 일-편집자 주)된 것으로서 '자기동일성의 반대' 이상의 것일 수 없다고 하겠다. 여기서 요구되는 것은 존재끼리의 근본적 이질성에 정위한 사고, 레비나스의 말을 빌리자면 '분리라는 절대적 위상차'에 정위한 사고이다. 레비나스가 인간을 교체 가능한 것으로 보는 그러한 중립적인 시점을 '근원적 불경'이라며 집요하게 배척하는 것은 타자의 그러한 교체 불가능한 존재야말로 '다양한 것을 전체화하는 윤리학에 대한 사회적 다양성이 보이는 저항'으로서 구제되어야 한다고 생각했기 때문이다. '존재가 부감 가능panoramic한 방식으로 실존하는 것은 전체성의 입장이다.' 그러한 '전체성'과 절연할 것을 레비나스는 철학에 요구했다.

보편이란 다른 것과 조우하는 우연이 우리의 경험에 갑자기 어떤 미지의 사이클을 열고 그것을 예상치 못한 방식으로 변용해가는 부단한 '엇갈림'의 운동 속에서 만나게 되는 것으로, 그런 의미에서 영원히 미완성인 채로 존재하는 것이라고 할 수 있다. 한 번 더 메를로 퐁티를 인용하자면 '자기 자신의 문화 내부에 없기 때문에 그로 인해 오히려 다른 문화와 서로 통할 수 있는 자신의 야생 영역'과의 접촉을 언어가 부추긴다고 해도 좋다. 그리하여 우리에게 의미 있는 것의 영역이 확장되고, 그와 동시에 기정의 구조를 흔들며 의미를 다른 시각에서 재편성하도록 촉진함으로써 세계를 더 넓게 이해할 수 있게 된다. 사고에 성숙이라는 것이 있다면 그것은 이러한 절차를 더듬는 과정에서만 존재할 것이다.

철학은 더 이상 독백일 수 없다

진리 혹은 보편은 '의미의 영도零度'로 거슬러 올라가는 과정에서 발견되는 것이 아니라 오히려 타자(들)의 경험과의 접촉 속에서 이른바 '측면적'으로, 심지어 늘 미완의 형태로 만나게 되는 것이다. 제2차 세계대전 후의 철학, 특히 1960년대 이후의 철학은 인식론이나 존재론, 진리론과 같은 종래의 '지혜'의 가장 기초적인 작업 영역으로 간주되었던 것을 '사회적'인 것의 지평에서 재파악하기 시작했다. 후설의 현상학의 '간주관성間主觀性(많은 주관 사이에서 인정되는 공통적 성질-편집자 주)', 클로드 레비스트로스Claude Lévi-Strauss의 '구조', 비트겐슈타인의 '언어 게임', 루카치Szegedi Lukács György Bernát의 '패러다임', 하버마스Jürgen Habermas의 '커뮤니케이션 행위', 롤랑 바르트Roland Barthes의 '신화 작용', 폴 리쾨르Paul Ricoeur의 '이야기' 등도 이러한 문제 지평에 대한 입사각을 각각 탐색하는 기점이 되는 것이다. 여기에 만약 공유되고 있는 관점이 있다면 역사를 초월하는 진리의 최종 법정은 존재할 수 없다는 사고방식이다. 진리의 법정 또한 역사·사회적으로 구축되고 역사·사회적인 위치값을 가지며 나아가 그러한 이상 '정치학'적인 분석과 비판의 대상이 될 수 있다면, 그 절차와 방법 자체도 마찬가지로 분석과 비판의 대상이 될 것이다. 이는 진리에 관한 종래의 사고방식, 특히 진리의 조건을 둘러싼 논의 및 과학과 사회의 관계에도 커다란 변경을 촉구할 것이다.

진리의 법정에 관해 예로부터 메타 레벨에서 계속 논

의되어온 철학 방법에 대해 말하자면 그것은 더 이상 독백일 수 없게 됐다. 철학적인 반성reflection의 장 자체가 '초월론적'인 주관성이나 의식이 아니라 사회적인 자장磁場이라는 것이 발견된 것이다. 이것은 철학적인 반성 자체가 '간주관적間主觀的'인 장이라는 것이고, 그 말인즉슨 대화나 커뮤니케이션이 생성되는 장소이기 때문에 그 자체가 하나의 '언어 게임'으로 분석되어야 한다는 것이다. 이 게임은 자기 작업의 최종적인 근거를 스스로 만들어내는 이른바 '순수 이론'이라는 '폐쇄 계열'에는 더 이상 존재할 수 없고 —지혜는 자기의 기초를 궁극적인 부분에서는 구성할 수 없다—, 집합적인 무의식의 꿈틀거림과 이데올로기적인 굴절과 갖가지 이해관계가 복잡하게 얽힌 지정학적인 자리매김을 면할 길이 없다는 의미에서는 밑도 끝도 없고 하나로 통합될 수도 없는 열린 계열이라고 말하지 않을 수 없다. 철학 논의에 대해 페미니즘의 입장과 탈식민주의의 입장, 때로는 정신분석의 시각에서 지정학적인 이의 제기가 이루어지는 것도 까닭 없이 괜히 그러는 것이 아니다. 앞서 철학은 물음의 소용돌이 속에서 그 물음이 어떤 권리 근거를 갖고 이루어지고 있는지, 또 어디에서 누구를 향해 이루어지고 있는지를 동시에 스스로에게 냉정하게 추궁하는 것이라고 했는데, 철학은 이러한 이의 제기로부터 몸을 피한 적이 없으며 프라이드를 잃으면 더 이상 철학이 아니다.

철학은 독백일 수 없다는 것은 반성의 주체로서의 철학연구자의 닫힌 '반성'의 불가능성을 의미함과 동시에, '학회'라는 철학연구자 공동체 '내부'의 불가능성을 의미하기도 한다. 근대과학의 방법주의와도 연계하면서 철학의 '엄밀한 사고법'을 제대로 습득했는지 아닌지를 마치 사감과 같은 표정으로 체크하는 것이 대학 철학연구자와 교원이었다. 그리고 그것을 제도화한 것이 각종 철학학회라는 곳이다. 하지만 이러한 장이 더 이상 순수한 폐쇄 영역일 수 없다면, 철학의 가능성에 대한 물음은 그대로 철학 연구의 장의 구조에 대한 물음이 될 수밖에 없다. 구체적으로 말하자면 대학의 철학 강의 및 세미나의 이상적인 모습, 나아가서는 (철학이 '지혜' 일반의 이상적인 상태에 관한 물음인 한) 시민이 '지혜'를 배우는 장 가운데 가장 기초적 장인 초등교육의 이상적인 모습과 커리큘럼의 관계, 철학과 저널리즘의 관계, 철학과 도시 안에 있는 다양한 '지혜'의 화로와의 관계도 또한 철학의 필드로서 다시금 묻지 않으면 안 된다는 이야기가 된다. 무릇 '지혜'가 피어오르는 모든 장면이 바로 철학의 필드이기 때문이다.

이러한 작업이 지금 '지혜' 일반의 비판을 반복해온 철학에 요구되고 있다. 이를 위해서라도 애당초 철학의 언어가 어떤 입사각으로 사회에 들어올 수 있는지에 대해 반성하는 것 혹은 이야기하는 것, 듣는 것, 생각하는 것, 토론하는 것, 즉 언어가 우리 사회에서 지니는 힘과 의미에 대해 끝까지 파고들어 생각하는 것이 중요하다. 언어가 근거가 되기 힘든 사회, 언론이 소위 유구조柔構造(건물에 작용하는 지진의 힘을 약화시키는 구조-편집자 주)가 되어 논의가 역사를 넘어서 계승도 축적도 되기 힘든 사회, 그런 의미에서 철학의 전통이 없는 사회에서는 특히 중요하다.

트랜스사이언스의 시대

상대주의에 대해 우리가 해온 이야기는 제반 과학의 세분화와 우물 안 개구리와 같은 현대의 지혜의 상황에 대해서도 똑같이 할 수 있는 이야기이다.

과학과 기술은 지금껏 사회생활의 구석구석에 다양한 이익과 은혜를 가져왔다. 특히 IT 기술과 나노 기술, 바이오 기술과 같은 최첨단 과학과 기술은 최근 사람들의 일상생활의 보이지 않은 기반을 형성해가고 있고, 과학 기술이 연구자나 기술자의 것이라기보다 그 자체가 지극히 사회적인 존재가 되어가고 있다. 사람들의 생활에 막대한 영향, 그것도 쉽게 예전으로 되돌아갈 수 없는 영향을 끼치고 있으며 때로는 광범위하고 큰 리스크를 초래하기도 한다. 그런데 이러한 현대의 과학 기술은 고도로 전문화되어 있기 때문에 전문가가 아닌 사람으로서는 갑자기 그 의의를 평가할 수 없다. 실제로 이 기술들을 이해하기 위해서는 고도의 지식이 필요하기 때문에 그 영향을 정면으로 받는 시민은 자신의 생명 및 안전과 깊이 관련되는 문제임에도 불구하고 이들 문제가 발생하는 구조와 해결 방법을 스스로 이해하거나 구상해낼 수 없다.

하지만 구상해내지 못하는 것은 사실 전문연구자들도 마찬가지이다. 과학이 극단적으로 세분화된 현대에는 전문연구자도 마찬가지로 자신의 전문 영역에서는 더할 나위 없는 고도의 지식과 기술을 갖고 있지만 전문 이외의 분야에 대해서는 비전문가와 마찬가지로 문외한이라고 해도 과언이 아니기 때문에 전문가도 첨단 과학 기술이 갖는 사회적 영향력에 대해 사전에 확실한 판단을 내릴 수 없는 것이 실정이다.

원자력 발전에서 공중위생과 건강 그리고 환경 문제에 이르기까지 과학으로 질문을 제기할 수는 있지만 과학으로 대답할 수는 없는 여러 가지 문제가 현대 사회에 적잖이 존재한다. 어떤 기술 장치를 놓고 사고 발생 확률이 지극히 낮다고 과학자들이 합의했을 때 —단, 사고 예측을 둘러싼 실험 자체가 검증에 터무니없는 데이터와 기간을 필요로 하기 때문에 사실상 불가능한 경우가 많다―, 사고 발생은 상정하기 어렵다고 생각하는 자가 있는가 하면, 사고가 발생할 가능성이 없지 않은 이상 대책을 마련해야 한다고 결론 내리는 자도 있다는 것이 2011년 후쿠시마 제1원자력발전소 사고를 통해서도 분명해졌다. 여기서 요구되는 판단은 각각의 과학 연구를 넘어서는 것, 즉 요즘 흔히 하는 말로 '트랜스사이언스trans-science(과학에 물을 수는 있지만 과학만으로는 대답할 수 없는 문제 영역-역자 주)'라고 하겠다. 여기에서는 무엇보다 사회 운영을 감안한 가치 선택을 묻는다. 그리고 이 선택은 국가 및 국제 정책적인 조치로 이어진다. 이때 정치인과 관료가 과학적 식견을 존중하지 않거나, 과학자가 여기서부터는 정치권에서 판단해야 할 영역이라며 판단을 방치하거나, 시민이 "이 판단은 전문가에게 맡기겠습니다!"라고 한다면 문제 해결은 멀어질 뿐이다. 트랜스사이언스적인 문제에는 전문연구자라는 것이 존재하지 않기 때문이다.

전문주의를 넘어서

연구자는 오랫동안 자신의 지적 노력을 하나의 전문 영역으로 한정하고, 전문 외 영역에 관해 발언하는 것은 월권으로 보고 스스로 자제하는 것을 바람직하게 여겨왔다. 뒤집어 말해서 다른 영역에서 내놓은 의견은 비전문적인 것으로 치부하며 수용하려고 하지 않았다. 그리고 복합적인 판단이 필요한 사안에 관한 발언은 '비과학적'이라며 배척했다. 이것이 연구자의 '미덕'이었다.

전문가가 '특수한 문외한'(고바야시 다다시小林傳司)으로 전락하게 된 오늘날 과학자에게는 정반대의 지적 노력이 요구된다. 상황 전체를 두루 살피며 그때그때 상황에서 무엇이 제일 중요한지 꿰뚫어 볼 수 있고 복합적인 요인으로 발생하는 문제를 해결하기 위해 여러 겹의 대처 체제를 디자인할 수 있어야 한다. 과학자는 전문 분야에서의 혁신뿐 아니라 사회 전체에서 행하는 그러한 판단에도 더더욱 기여하지 않으면 안 된다. 트랜스사이언스적인 사안에 대해서도 전문과학자들이 논쟁을 통해 결론을 내리기 전에 일반인이 논의에 참가할 수 있도록 논의를 열어두는 것, 그것이 프로의 책임이다. 실제로 사고가 일어난 후에는 '전문가'로서의 수완도 소용이 없으니까.

대재난, 하천의 범람과 제방의 붕괴, 테러 공격 등에 대한 대비, 나아가 오존층 파괴와 감염증 대책 등까지 시야에 넣으면 완전히 리스크를 회피할 수 있을까? 그렇지 않다. 더욱 완전을 기하려면 터무니없이 많은 경비가 소요되고, 다른 한편으로는 지금 당장 대책을 마련하지 않으면 안 되는 문제가 그 밖에도 무수히 많기 때문에 재정 밸런스라는 측면에서도 어느 선에서는 아무래도 단념할 필요가 있다. 설령 어떤 재해와 사고의 발생 확률과 그에 따른 피해 규모를 관련 연구자들이 '과학자의 합의'로서 산출한다고 해도 그것으로 모든 게 끝나는 것이 아니다. 일정 기간 내에 발생할 확률은 상당히 낮은 숫자가 나왔으므로 리스크는 없는 것과 진배없다고 결론 내리고 다른 시책으로 예산을 돌릴 것인지, 반대로 꽤 낮다고는 하나 리스크가 있는 이상 안전 대책을 빼놓을 수는 없다는 판단하에 상당한 예산을 충당할 것인지는 또 다른 판단 문제이다. 그런데 이러한 판단을 맡길 수 있는 '전문가'가 없다.

이러한 판단은 최종적으로 과학적 식견이 아니라 어떤 가치를 우선할 것인가라는 시민의 가치 판단에 따를 수밖에 없다. 기술적으로 가능하다고 하더라도 과연 실행에 옮기는 것이 맞는가 틀리는가 하는 판단은 안전성을 얼마만큼 확보하고 어느 선에서 포기할 것인가 하는 판단과 마찬가지로 언젠가는 누군가가 어딘가에서 선을 긋지 않으면 안 된다. 선을 어느 시점에서 그을 것인가, 누가 그을 것인가, 어떤 가치를 우선해야 하는가? 이를 두고 시민의 의견이 곧잘 격렬하게 대립한다. 만에 하나 실패하더라도 '합리적인 실패'로서 납득할 수 있는 합의로 나아가기 위해서는 어떤 조정 과정과 수법을 채택해야 하는가? 그런 복잡한 문제가 트랜스사이언스에는 있다. 어느 시점에서 보느냐에 따라 양상이 크게 달라지는 문제, 수많은 불확정한 사항에 의해 규정되고 있는 문제, 그 누구도 모든 맥락을 파악할 수 없는 문제, 하지만 사람들의 일상과 장래의 행복 및 불행과 깊이 관련되는 문제……. 과학 철학을 전공하는 지인이 일전에 "과학 기술은 전문가에게 맡기기에는 너무나도 중대하다"고 말한 적이 있다.

또한 과학과 기술의 연구 및 개발은 애초에 단독으로는 할 수 없다는 사정도 있다. 전문 분야를 깊이 연구한 개개의 전문가는 다른 전문가 혹은 비전문가와 협동하지 않고는 무엇 하나 전문가로서 이루어낼 수 없다. 예를 들어 정보 말단의 미세한 회로 설계를 전문으로 하는 기술자가 초미세한 회로를 실현하기 위해서는 이를 가능하게 하는 재료 전문가와 한 팀이 되어야 한다. 어떤 기능을 어떤 식으로 탑재할 것인지에 관해서는 시스템 설계 전문가와 함께 논의해야 한다. 또 이를 신제품으로 실현하기 위해서는 또 다른 전문가, 예를 들어 소비자와 직접적인 연결고리를 갖고 있는 영업 전문가와 광고 전문가, 그리고 당연히 원가 계산을 해주는 회계 전문가와도 함께 해야 한다. 여기서 주의를 요하는 것은 협동하는 이들 전문가 입장에서 함께 일하는 상대는 모두 자신의 전문 영역에서 보면 비전문가라는 것이다. 그렇다고 하면 진정한 전문가란 다른 전문가와 원만하게 공동 작업을 할 수 있는 사람이고, 그들에게 자신이 하고자 하는 일의 중대함과 재미를 정확하게 전달할 수 있는 사람이며, 이를 위해 다른 전문가의 발언에 제대로 귀 기울일 수 있는 사람이라고 할 수 있다. 한 가지밖에 못 하는 것은 프로페셔널이 아니라 단순한 스페셜리스트에 지나지 않기 때문이다.

'교양'으로서의 철학

과학의 다시점성多視點性에 대해 임상정신과 의사 나카이 히사오中井久夫가 이런 글을 썼다.

우주를 연구하기 위해 가시광선으로 촬영하는 경우도 있고, X선으로 촬영하는 경우도 있고, 전파망원경을 쓰는 경우도 있다. 각각 다른 상을 얻게 되는데 우주는 그러한 각각의 다른 모습을 넘어서는 하나의 존재이다. 우리는 어떤 수단을 선택해 각각 한계가 있는 그림을 얻을 수밖에 없다. 과연, 인간은 다양한 수단을 사용함으로써 각각의 우주상을 조금씩 초월할 수 있다. 하지만 '구체적이며 전체적인 것'을 인간은 끝내 한눈에 조망할 수 없을 것이다. 전체적이고자 하면 추상적일 수밖에 없고 구체적인 것은 반드시 부분적이라는 것이 우리 인간의 세계 인식의 한계이다.

(『징후 · 기억 · 외상徵候 · 記憶 · 外傷』, 2004년)

상대주의에서 말했던 것과는 다른 의미로 여기에서도 또한 세계를 다형적으로 현상한다. 그뿐만이 아니다. 사실은 각각의 학과discipline는 학과로서 닫혀 있는 것이 아니다. 그것은 자기완결적인 폐쇄 영역이 아니라 이런저런 틈과 구멍을 갖고 있다. 이를 메우거나 혹은 포섭하기 위해 끊임없이 새롭게 탐구 구조를 검증하고 재편성하는 유동적인 것이다. 말하자면 work in progress, 즉 가동 중인 것으로, 스스로 불명확한 점을 개선하며 계속 변용하고 있다.

그런데 아카데미즘 과학자에게는 전문성이라는 이름 아래 자신의 한정된 레퍼토리 속에 틀어박히는 습성이 있다. 다른 영역, 즉 자신이 무지한 영역에 대해서까지 발언하는 것은 월권이라며 스스로 금한다. 뒤집어 말해 다른 영역 전문가를 자신의 전문 영역에 받아들이려고 하지 않는다. 거기에는 "전문 분야가 아니라서요……" 라며 참견하지 않는 '겸손'의 미학(?)—이는 뒤집으면 '내 전문 영역에 말참견하지 말라!'는 오만이다—이 지배하고 있다. 그리고 같은 학부 및 학과라고 하더라도 옆 연구실에서 하고 있는 것을 이해할 수 없을 만큼 세분화가 심하게 진행되고 있다. 지식의 차별 및 격리는 지금 극단적으로까지 진행 중이다.

철학이란 지혜 및 지식의 사용과 관련되는 기술이라고 다나카 미치타로는 말했다. '보는 것'(이론)과 '만드는 것'(제조)의 중간에 있으면서 이들을 연결하는 것, 즉 제3의 기술로서의 '사용'과 관계되는 기술이라는 것이다. 그런 의미에서 철학이란 지식의 모든 것에 주의를 기울여야 하는 것이라고 했다. 나카이가 앞에서 지적한 바와 같이 서로 이질적인 복수의 지혜를 연결하는 기능이 철학에 요구되고 있다. 광범위한 지식을 갖고 사회와 시대를 상공에서 조망하는 고답적인 '교양'이 아니라 오히려 무엇이 사람의 삶에 진실로 중요한지를 깊이 생각하면서 현실에 다양한 지혜를 배치하고 개선하고 통합해가는 기술로서의 철학이다. 앞서 유럽에서는 이를 사회인으로서의 필수 훈련으로 자리매김해왔다는 것을 살펴보았다. 이것을 우리는 여기에서 '교양'—'전문적 지성'과 평행하게 작용해야 마땅한 것으로서 '시민적 지성'—이라고 명명하고 싶다.

'교양'에 대한 확고한 정의는 없다. 먼저 서양의 전통적인 교양 이념 리버럴 아츠liberal arts에서부터 '교양'을 설명하는 사람이 많지만, 그런 역사적 경위에 관한 논의는 여기서는 배제하겠다. 한편 다이쇼 시대大正時代(1912~1926년-역자 주) 이래 교양주의가 말하는 '교양' 이념은 현대 일본에 있어서도 뿌리가 깊다. 교양이란 박학하며 넓은 지식에 근거하여 사안을 다양한 시점에서 조망할 수 있는 능력을 말하는데, 이 '조망한다'는 대목에서 어딘지 모를 고답적인 분위기가 감돈다. 그래서 '교양'에는 (원서를 포함하는) 수많은 서적과 화집과 레코드 컬렉션을 배경으로 하는 그림이 잘 어울릴 것만 같다.

미키 기요시三木淸는 소위 다이쇼교양주의大正敎養主義에서 '문화' 사상, 휴머니즘으로 변용된 '교양' 사상을 역사적으로 더없이 특수한 것으로 본다. 이것은 '정치라는 것을 경멸하고 문화를 존중하는' 문화주의적인 경향을 지니는 것으로, 후쿠자와 유키치福澤諭吉를 비롯한 메이지 시대 계몽사상에 대한 반동으로 파악하고 있다. 그리고 '문명'에 대항하여 '문화kultur'를 중시한 독일의 '교양'주의에 대항하고자 했는데, 1941년 시점으로서는 다음과 같이 쓰는 것이 최선이었다.

교양의 관념은 그 유래에서부터 문학적 내지 철학적이다. 정치적 교양을 포함하지 않고 오히려 의식적으로 정치적인 것을 외면적인 것으로서 제외하고 배척하고 있다고 할 수 있다.

(「독서편력読書遍歷」, 1941년)

미키는 그의 저서 『독서와 인생讀書と人生』(1948년)에서 '정치적 교양'이 무엇인지에 대해 직접적으로 논하는 것을 피하고 '교양'의 기본은 '철학'에 있다고 말한다. 가장 기본적이고 근본적인 것에 대한 물음으로 수렴되지 않는 지식의 단편은 시대의 외양을 옮긴 것에 불과하다고 했다. '교양'주의는 마치 규율이 많은 옛날 고등학교처럼 "'실용'서적류도 안 된다! 대중용 '수양'론도 안 된다!"고 주장했고, 문화인은 문화주의 혹은 인격주의적 입장에서 '교양'을 찬양했다. 미키는 이러한 '교양'주의에서 메이지 시대 이후 국가 엘리트에 대한 문화인의 (반역이라기보다는) 르상티망ressentiment(주로 약자가 강자에게 울분, 원한, 증오, 비난의 감정을 가지는 것-역자 주)을 읽어냈다. 높은 곳에서 전체를 내려다보는 상공비약적인 사고가 아니라 '근원' 혹은 '궁극'으로 하강하고자 하는 철학 정신, 즉 '원천에서부터 퍼 올리려는' 자세, '특수한 것 속에서 보편적인 것을 보는 눈'으로서의 철학적 정신을 대항적으로 퍼트렸다. 미키가 예를 들어 개념의 가람伽藍을 구축하기 위해서도 아니고 논문을 쓰기 위해서도 아니라 '진정

으로 철학하는 것의 어려움을 알기 위해 사람들은 프랑스 서적을 더 읽어야 한다'고 썼을 때, 나쓰메 소세키夏目漱石의 문하생들이 쾨베르Raphael von Koeber 박사의 영향을 강하게 받아 칭송한 독일적 '교양'의 관념, 즉 정치와 경제를 매도하는 '교양' 주의를 미키는 문화 비판이라는 옷을 빌려 입고 정치적으로 야유했던 것이라고 생각된다. 이것을 '지식'으로서의 교양이라고 부른다면 내가 여기에서 생각해보고 싶은 것은 '기술'로서의 교양이다.

월리엄 제임스는 "'철학'이라는 말은 어떤 의미에서 미국에서 '칼리지college'라는 단어가 나타내고 있는 교육상의 정신을 간소하게 실현한 것이다"(『철학의 근본 문제』)라고 기술했다. 이 정신은 영어권에서라면 필시 존 스튜어트 밀John Stuart Mill의 대학교육론으로까지 거슬러 올라갈 것이다. 밀은 '세인트앤드류대학 명예학장 취임 강연'(1867년)에서 다음과 같이 말했다. 그가 한 발언 중 몇 가지를 열거해보겠다.

"대학의 목적은 숙련된 법률가와 의사, 또는 기술자를 양성하는 것이 아니라 유능하고 교양 있는 인간을 육성하는 것에 있습니다."

"전문직에 종사하고자 하는 사람이 대학에서 배우고 익혀야 하는 것은 전문적인 지식 자체가 아니라 그 올바른 이용법을 지시하고 전문 분야의 기술적 지식에 빛을 비추어 올바른 방향으로 이끄는 일반교양general culture의 광명을 가져오는 부류의 것입니다."

"(지식의 체계화는) 개개로 독립되어 있는 부분적인 지식 간의 관계와, 그것들과 전체와의 관계를 고찰하고, 지금까지 여러 곳에서 얻은 지식 영역에 속하는 부분적인 견해를 서로 연결하는, 이른바 지식 전체 영역의 지도를 만드는 것입니다."

대학 교육에 대해 이와 같이 규정한 다음 밀은 교양교육의 중요성에 대해 거듭 다음과 같이 말했다.

일반교양교육은 학생이 이미 개별적으로 배운 것을 포괄적으로 보는 방법과 연결시키는 방식을 가르치는 것이라고 하지만 그 최종 단계에 있어서는 제반 과학의 '체계화', 즉 인간의 지성이 기지既知의 것에서 미지未知의 것으로 나아가는 방법에 관한 철학적 연구를 포함하고 있다. 우리는 인간 정신이 자연 탐구를 위해 소유하고 있는 수단에 관한 개념을 광범위하게 적용하는 것을 배우지 않으면 안 된다. 즉 세계에 실존하는 제반 사실을 어떻게 발견할 것인가, 그것이 진리의 발견인지 아닌지를 무엇으로 검증할 것인지를 배우지 않으면 안 된다. 이것이야말로 명백한 일반교양교육의 극치이고 완성이다.

(『대학 교육에 대하여』)

이 교양교육론은 그대로 서구 근대 과학의 '박사 학위'(PhD란 '철학 박사 학위Doctor of Philosophy'를 의미한다)의 의의에도 통용된다. 박사 학위는 보통 그렇게 생각하는 바와 같이 한정된 어떤 전문 분야에서 정교하고 치밀한 연구를 완수한 것에 대해 수여되는 것이 아니다. 그것은 어느 가설을 일정한 과학 연구 방법에 준하여 추론하고 실증함으로써 이후 어떠한 주제에 있어서도 마찬가지로 정교하고 치밀한 추론과 실증을 할 수 있다고 하는 기량에 대한 인정으로서 수여되는 것이다. 따라서 전문분야 이외의 영역을 '전문 분야가 아니라서요……'라는 말로 배척하는 태도는 박사로서 실격이다. 박사라는 칭호는 본래 이 분야에 한해서라면 뭐든지 다 알고 있다는 것에 대해서가 아니라 어떠한 미지의 분야라도 그에 상응하는 과학적 방법을 이용해 확실하게 탐구할 수 있는 일반적인 능력에 대하여 부여하는 칭호이다.*

*참고로 밀은, 도덕교육에 대해서는 '정조와 생활 습관을 기르는 훈련'이라며 대학 '관할 외'의 것이라고 했으며 또 다음과 같이 덧붙였다. '대학이 도덕적 혹은 종교적인 영향을 학생에게 끼칠 수 있다면 그것은 특정한 교육에 의해서가 아니라 대학 전체에 넘치는 기풍에 의해서이다. 대학에서 어떤 학과 교육을 하든 그것은 의무감이 침투된 교육이어야 한다. 대학은 모든 지식을 인생을 가치 있는 것으로 만드는 주요한 수단으로서 제공하지 않으면 안 된다. 즉 우리 각자가 인류를 위해 실제로 도움이 되는 인간이 되는 것과, 인류의 품성을 높이는 것 즉 인간성을 고귀하게 하는 것이라는 이중의 목적을 달성하기 위해 제공하지 않으면 안 된다. (그리고) 고귀한 심성만큼 교사에게서 학생에게로 쉽게 감염되는 것은 없다.'『계몽이란 무엇인가Beantwortung der Frage: Was ist Aufklärung』에 나오는 칸트의 '이성의 공공적 사용'에 관한 글귀와 함께 철학 교사가 깊이 마음에 새겨야 하는 말이다.

'모든 것에 주의를 기울이는 것'

세계에 관한 지식이 학문의 세분화라는 형태로 가속적으로 갈라지고 있는 가운데 철학에는 다시금 갈라진 이들 지식을, 나아가서는 같은 하나의 사상에 가해지는 다양한 분석적 지식을 하나로 통합할 것이 기대되고 있다. 이를 다나카 미치타로는 지혜의 '모든 것에 주의를 기울이는 것'이라고 표현했다.

지혜의 '모든 것에 주의를 기울이는 것', 즉 다양한 지식을 매개할 때 그것은 과학 연구의 모든 영역을 횡적으로 연결하는 것만을 의미하지 않는다. 그것은 또한 전문 지식과 비전문 지식을 연결하는 것이기도 하다. 모든 명제가 체계적으로 뒷받침되고 있는 폐쇄 영역으로서는 구성 불가능한 것, 바꾸어 말해 과학적 지식에서 암묵적 지식, 신체 지식, 관습 지식에 이르는 다양한 레벨의 지혜를 창조적으로 매개mediate하는 바로 그런 지혜가 요구되고 있다. 그것은 전문과 비전문이라는 서로 다른 차원에 있는 지혜 사이에서 한쪽을 다른 쪽으로 번역translate할 수 있는 지혜라고도 볼 수 있다. 이 때 상호 매개와 번역이 요구되는 것은 다른 지혜와 다른 세계 이해의 사이에서만이 아니다. 말할 수 있는 것과 말할 수 없는 것을 어떻게 연결할 것인가 하는 것 또한 곤란하고 중요한 과제이다. 철학에 전문 영역이 없는 것은 철학이 항상 '전체에 주의를 기울이는 것'이기 때문으로, 상호 분단이 점점 가속되고 있는 과학의 지혜를 '객관성'이나 '보편성'과 같은 추상적(유명무실)인 통일 이념으로 간신히 통합하기 위해서가 아니라 이들을 진정한 의미로 협동시키기 위해 기능하는 것이기 때문이다. 철학적 탐구란 그런 의미에서 지혜의 다양한 시점 사이의 대화 내지 조정이기도 하다.

앞서 잠깐 언급한 바와 같이 윌리엄 제임스는 철학을 "'칼리지'라는 단어가 나타내고 있는 교육상의 정신"이라고 했는데, 그 정신에 대해 좀 더 구체적으로 다음과 같이 기술했다.

철학은 익숙한 것을 낯선 것처럼 다루고, 낯선 것을 익숙한 것처럼 다룬다. 또 철학은 사안을 받아들일 수 있고 동시에 잘라버릴 수도 있다. 철학적 정신은 온갖 문제에 대해 사색을 시도하려는 마음가짐으로 가득 차 있다. 이는 우리를 선천적으로 타고난 독단이라는 수면 상태에서 눈뜨게 하고 단단하게 굳은 편견을 깨부순다. 그것은 역사적으로 보면 과학, 시, 종교, 논리라는 네 가지 다른 인간적 관심 사이에서 늘 행해진 상호의 수정受精 작용과 같은 것이라고 할 수 있다. 그것은 정서적으로 가치 있는 결론을 엄밀한 추론으로 추구해왔다.

따라서 철학을 가까이하여 그 영향을 받는 것은 문과 학생에게도 이과 학생에게도 바람직한 일이다. 철학은 시적 요소로 문과적인 사람의 마음을 매료하고, 논리성으로 그들의 지성을 공고하게 하며, 유약함을 바로잡는다. 논리성은 이과적인 사람의 마음을 매료하고, 시적 요소는 그들의 지성을 유연하게 하고, 그들이 지독하게 무미건조한 전문가 기질에 빠지는 것을 방지해준다. 즉 문과형 학생과 이과형 학생 모두 철학을 통해 더 생동감 넘치는 정신과 더 넓은 시야와 더 깊은 정신적 배경을 습득할 수 있다.

(『철학의 근본 문제』, 1911년)

제임스의 말을 빌리자면, 어느 분야의 전문 연구자가 진정한 프로페셔널이기 위해서는 동시에 항상 '교양인'이어야 한다. '교양'이란 하나의 문제에 필요한 여러 개의 사고의 보조선을 그을 수 있는 것이다. 바꾸어 말해 문제를 다각적으로 보는 것이고, 여러 개의 다른 시점에서 문제를 조망할 수 있는 것이다. 이를 통해 사람은 보다 객관적인 지성을 갖게 된다. 그러기 위해서는 평소부터 자신의 관심 분야와 당장은 접점이 없는 사고나 표현에도 접하고자 신경 써야 한다. 그렇다. 전문 분야 이외의 것에도 수렵 민족이 갖고 있을 법한 감도 높은 안테나를 항상 자신의 주변에 쳐놓지 않으면 안 된다.

'모든 것에 주의를 기울이는 것'은 끊임없이 울타리를 넘어가려고 하는 것이다. 규칙의 틀을, 역사적 문화의 틀을, 시대의 틀을……. 그리고 하나의 역사적 사실에 대해서도 다양한 시점과 다양한 보조선을 갖고 있는 것을 의미한다. 학문 체계에 대해서도 똑같은 말을 할 수 있다. 다양한 규칙의 정의, 기초 개념, 방법상의 조작 개념, 통계적 데이터 처리의 시점, 이들의 전제로서 숨어서 작용하는 선입견 혹은 이데올로기적 요소, 그리고 이들을 통괄하는 학문 분류의 사상, 그리고 이들 전부의 시야에서도 배제되고 있는 사상事象 등을 검증하고, 지혜의 배치 전체에 '주의를 기울이는' 가운데 이들에게 존재해야 마땅할 변용과 협동의 보다 적절하고 이상적인 모습을 탐색하는 것 또한 철학의 중요한 업무이다. 이러한 업무를 고바야시 다다시는 과학철학자답게, '논의의 서로 다른 골조를 상호 번역할 수 있는 능력', '사회적 이언어異言語를 오갈 수 있는 능력'이라고 표현했다.

'모든 것에 주의를 기울이는 것'에 대해 마지막으로 한마디를 덧붙이자면 이는 '지혜의 전체성'과 비슷하나 다른 것이다.

세계가 다형적인 현상이라는 것은 마치 판화가 그런 것처럼 일의적一義的인 관계라는 실로 서로를 꿰매거나 어느 통일적인 이념하에 포섭하는 등 모두를 합해 하나의 모습이나 하나의 전체적인 질서를 그리는 것이 아니다. 이들은 비늘이나 기와처럼 서로 겹쳐지지 않은 상태로 겹겹이 짜 맞추어져 있거나 교차한다. 그리고 각각이 이질적인 유래를 지닌다. 따라서 이들을 하나의 실 혹은 하나의 시점으로 하나의 '전체'로 통합하는 것은 불가능하다. '경험에 진실로 입각한 일반성은 단계적인 체계가 아니라 직물織物(씨실과 날실이 가로세로로 교차하여 짜여진 천-편집자 주)을 만들어낸다'(발덴펠스Bernhard Waldenfels). 따라서 마찬가지로 '모든 것에 주의를 기울인다'고 하더라도 이때 필요한 것은 세계의 다양한 현상에 관한 주장을 하나의 체계 속에 시스템적으로 근거를 마련하고 통괄하는 지혜가 아니라, 오히려 이들 주장을 간텍스트적 Inter-textual(텍스트의 의미를 다른 텍스트와의 관계 속에서 찾아내는 것. 텍스트간 상호관련성이라고도 함-역자 주)으로 상호 번역하고 다양한 무늬를 지닌 직물로 편성해가는 지혜일 것이다.

'지혜의 전체성'이라고 할 때 갖가지 주장을 하나의 체계 안으로 회수하려는 식의 과도한 철학적 의지(아리스토텔레스가 말한 '동량의 지혜'?)는 반대로 세계를 잘 드러내기 어렵게 만든다. 예를 들어 동양주의 비판 및 페미니즘, 탈식민주의 등의 논의가 지적했던 것도 이러한 '지혜의 전체성'의 맹점이었을 것이다. '모든 것에 주의를 기울인다'고 하더라도 그러한 전체는 어디에 있는가? 어디서 보는가? 상공에서도 아니고 중립적인 제3자로서도 아니라는 것은 앞서 살펴보았다. 우리는 하나의 시점 혹은 하나의 원리로는 현실의 총체를 다 볼 수 없다. 이때 '모든 것'이라는 말로 표현하고 있는 것은 '지혜의 전체성'이 아니라 오히려 (레비나스가 말한) '무한'—'최소의 것 속에 한없이 많은 것이 포함되어 있는 것'(『전체성과 무한To-talité et infini』)—일 것이다. 이는 모든 것을 체계적인 토대의 관련 속으로 흡수하고자 하는 통합적인 지혜가 아니라, 말하자면 '미세한 모습으로 침입하여, 미세한 1점으로, 실제로 존재하고 있는 것의 척도를 파괴한다'(아도르노)는 말처럼 필시 그런 미묘한 온도 차이에도 반응할 수 있는 지혜일 것이다.

숲을 질서정연한 도시 풍경으로 바꾸는 것이 아니라 숲을 숲으로서 그 두께와 그 깊이 그대로 그려내는 것. 이를 위해서는 구체적인 세부를 점검하고, 이를 재파악하기 위해 물음을 던지고, 그 물음 속에서 기정의 구조에서 누락되거나 결여된 것 및 지금껏 무의미하다irrele-vant고 간주되어온 것에 주목하고, 이들의 음이 되고 양이 되어온 다형적인 지혜를 대조하고 상호 번역하고 조정하고, 다른 지혜의 질서 속에 있는 것 사이를 말하자면 교차적으로 연결하는 가운데 전체를 조망하면서 이들 사이에 의외의 선을 긋는 것, 현상 및 타자와 이와 같은 대화를 반복하는 것. 방법이 먼저 있는 것이 아니라 사안이 이것을 그려낼 문체까지 포함해 이것에 걸맞는 방법을 스스로 그려낸다는 것을 잊어선 안 된다. 이 같은 탐구에 대해 카스토리아디스Cornelius Castoriadis는 다음과 같이 썼다.

사고하는 것은 동굴에서 나오는 것도, 그림자의 불확실함을 사물 자체의 윤곽으로, 또 화염이 술렁이는 불빛을 진정한 태양의 빛으로 바꾸는 것도 아니다. 이는 '하늘을 바라보며 꽃밭에 누워'(라이너 마리아 릴케Rainer Maria Rilke) 있을 수 있는데 미궁으로 들어가는 것, 더 정확하게는 어떤 미궁을 만들어내고 나아가 현실화시키는 것이다. 또 우리가 지칠 줄 모르고 안쪽으로 들어가기 때문에 존재하는 회랑을 헤매는 것이고, 우리가 들어가면 또한 입구가 닫히는 막다른 골목 안에서 빙글빙글 도는 것이다―이 다람쥐 쳇바퀴가 설명 불가능한 채로 칸막이 벽에 빠져나갈 수 있는 균열을 만들어낼 때까지.

(『미궁의 갈림길Les Carrefours du labyrinthe』 1978년)

제3장
철학의 임상

1. 철학의 '현장'

철학의 '현장'이란?

　사람에게는 인생의 '초기 설정'이나 사회의 '포맷' 등의 어딘가에 오류나 문제가 있는 것이 아닐까 하는 생각에 이를 근본부터 재검토하고 싶어지는 순간이 있다. 그리고 이를 천천히 탐색하기 시작한다……. 그런 심정을 담아 나는 본서의 첫머리에서 나를 '철학'적 탐구로 몰아넣은 메를로 퐁티의 한 구절을 인용했다. 바로 '철학이란 자신의 단서가 끊임없이 갱신되는 경험이다'라는 구절이다. 자신에게 이른바 자명했던 갖가지 것들에 새삼스럽게 물음을 던지는 것을 unlearn(학습한 것의 의도적 망각 또는 버림)이라고 표현한 사람이 있다. 쓰루미 슌스케鶴見俊輔—엄밀하게 말하자면 unlearn은 헬렌 켈러

Helen Adams Keller에게서 쓰루미가 직접 들은 말이라며 소개하고 있다—와 가야트리 스피박Gayatri Chakravorty Spivak이다. 기묘하게도 두 사상가는 똑같은 하나의 단어에 반응했다.

학습한 것을 버린다는 것은 세상을 더욱 잘 조망할 수 있는 장소로 나가기 위해 자신이 지금껏 의거해온 '지혜'의 틀을 해체하고 다른 틀을 재구축한다는 것이다. 그리고 학습한 것을 버려야겠다는 의지는 우리가 스스로 세상을 보는 안경으로 삼아온 사고 구조 및 그 구조를 체계화한 '이론'이 산산조각 나는 상황에 조우함으로써 이를 계기로 생기게 된다. 지금껏 써왔던 이론이 통용되지 않는 장소를 사람은 때때로 '현장'이라고 불러왔다.

그럼 우리의 사고가 작동하기 시작하는 장소, 그리고 무엇보다 그러한 사고의 현 상태를 각각의 국면에 입각하여, 그러면서 동시에 '모든 것에 주의를 기울인다'는 방식으로 음미하고자 하는 철학이 그러한 작업을 하는 장소, 즉 철학의 '현장'이란 대체 어디일까? 우리가 지금까지 반복해서 살펴본 바와 같이 철학을 헤겔이 말하는

'시대를 사상 속에서 파악한 것', 즉 시대의 자기의식이라고 한다면 철학이 만사 제쳐놓고 마주해야 하는 것은 우리가 살고 있는 이 시대의 사회임에 틀림없다.

철학은 시대와 격리된 진공 지대에서 이루어지는 행위가 아니다. 철학한다는 것은 의심의 여지없이 일상생활 속에서 어느 구체적인 날짜를 지닌 하나의 행위로 이루어진다. 이미 존재하는 다양한 담론에 말하는 것, 듣는 것, 쓰는 것을 통해 간텍스트적으로 관계하는 것이다—사고한다는 것은 스스로 편성해온 과거의 텍스트(인용의 편성물)에 스스로 짜낸 텍스트를 엮어 미지의 텍스트를 편성해나가는 것이다—. 철학 또한 시대의 한복판에서 그 시대를 자세히 보고, 진찰해보고, 돌보는 일에 종사한다. 하지만 아카데미즘 내부에서 행하는 '철학 연구'로 몸을 축소해온 일본의 철학은 문헌을 '읽는 것'에 치중하며, 시대를 '보는 것'(자세히 보고, 진찰해보고, 돌보는 것)은 반쯤 포기해왔다. 철학 앞에 '임상'이라는 단어가 붙는 작업이 지금 만약 의미를 가진다면 이 시대를 '보는' 기술을 다시금 단련하는 것을 빼놓고는 불가능할 것이다.

그렇다고는 하나 예를 들어 저널리스트가 달려가 입회하는 '현장'이 곧 철학의 장소인 것은 아니다. 철학이 어디까지나 사람들의 담론과 관련되는 것인 이상 철학의 '현장'은 무언가 담론이 피어오르는 장소일 것이다. 현재의 학구적인 철학의 경우에는 우선 철학 교실과 세미나장이다. 여기를 그냥 지나쳐서 세상이 '현장'이라고 부르는 장소로 직행해 그곳에서 철학하고는 무관한 사람들이 하고 있는 현장 업무를 마치 유령처럼 따라다니며 관찰한다고 철학연구자가 '현장에 임하는 자'가 될 수 있는 것은 아니다. 확실히 이론에 일의적인 보편타당성 내지는 객관성을 요구하는 것의 불가능성을 깨닫게 해주는 것이 '현장'이라는 곳이다. 하지만 이 '현장'이라는 개념이 철학에서 어떤 의미를 지니는지를 확정하는 것은 상상 이상으로 어렵다.

내 취향은 아니지만 철학에 대해서도 구태여 '현장field · site'이라는 용어를 사용하자면, 철학의 '현장'이란 어디일까? 철학이 다양한 사고의 현 상태와 언어 구조

를 음미하는 것을 첫 번째 업무로 삼고 있는 이상 철학
의 '현장'이란 말할 것도 없이 다양한 담론과 이론이 오
가는 장소, 발생하는 장소일 것이다. 이는 연구실이나
교실일 수도 있고, 미디어나 인터넷 공간, 카페일 수도
있다. 또 당연히 저널리즘일 수도 있다. 하지만 철학이
'현장'으로 간다는 것은 철학의 '현장'과는 다른 '현장'에
가서 거기에서 무언의 방관자와 같은 존재가 되는 것을
의미하지 않는다. 그 장소에서 담론과 이론이 발생하는
프로세스에 입회하는 것이다. 프로세스에 입회한다는
것에는 프로세스에 이색분자로 개입해 논의의 흐름을
바꾸는 것도 포함될 수 있을 것이다.

　'현장' 대신에 '임상'이라는 용어가 사용되기도 한다.
그 예로서 '임상 교육학'이라는 시도를 들 수 있다. 교
육학의 '임상'이란 당연히 사회의 교육 현장이다. 하지
만 학교로 조사하러 가서 교육학 이론에 따라 교육 현
장을 평가하는 것이 교육학의 '임상'인 것은 아니다. 교
육 현장으로 들어가 그 현장을 구성하고 있는 제도 및
담론—예를 들어 '개성'이나 '인성', '학력'과 같은 관념—

이 종래의 교육학 담론 및 이론과 어떠한 공범共犯 관계 속에서 구축되어왔는가라는 공범성을 분석하여, 현장의 문제 해결이 그대로 교육학 자체의 지각 변동으로 이어지는 활동이야말로 '임상 교육학'이라고 불려야 한다고 생각한다. 그러면 철학의 경우에는 이 '임상' 또한 사회의 여론이 생성되는 공간이고, 그리고 각각의 문제 발생 장소에서 마치 자명한 사실처럼 유통되는 담론이 생성되는 공간이라고 할 수 있지 않을까? 그렇다면 그러한 담론의 음미와 함께, 이들 담론의 구성에 지금까지 철학과 사상이 어떻게 공범적으로 관여해왔는가 하는 메타 비평도, '현장에 임하는' 철학의 작업으로서 부여되어 있다고 할 수 있다. 실제로 '개념 창조'라는 형태로 철학적 사고 또한 그 자체로서는 기반 없이 기동하는 지혜의 역사적인 틀 속에서 작동해왔기 때문이다. 그런 의미에서 철학에는 늘 두 가지의 동시 전개가 요구된다. 시대 안에서 시대에 대해 구체적으로 생각하는 것과 이를 위한 아카이브(자료 창고)로서의 역할을 수행하는 것이다. 바꾸어 말해 철학의 독자적인 현지 조사와 자료보관자로서의 철학 · 사상 문헌의 해독과 그 전제가 되는 역사적 해석을 하는 일이다. 후자가 얼마나 끝없는 정교함과 치밀함을 요구하는 연구 작업인지는 아무리 강조해도 부족할 정도이다. 텍스트 한 줄 한 줄에 흐르는 역사적 수맥, 종래의 해석에 관한 문헌학적 고찰, 같은 저자의 다른 연구 문헌과의 관련성, 나아가 동시대의 평행하는 무수한 사색의 시도……. 단어 하나도 소홀히 하지 않는 이 분석 작업은 설령 과거의 철학자 한 명을 대상으로 한다고 해도 일평생 안에 끝낼 수 없다. 시대를 논할 시에 끊임없이 자신이 갖고 있는 세계 이해 구조의 역사적인 한정을 검증하면서, 현재의 논의를 논리적으로 갈고닦는 작업에 있어서 과거에 다양하게 시도된 사고의 궤적을 말하자면 거울 삼아 뒤돌아보고 이에 비추어 스스로 사고를 재점검하는 작업은 무척 중요한 프로세스이다. 하지만 철학의 업무는 어디까지나 현지 조사란 사실에는 변함이 없다. 플라톤도, 아리스토텔레스도, 데카르트도, 로크도, 칸트도, 헤겔도, 벤담도, 마르크스도, 각자 시대의 사상적 과제에 도전했다. 철학이 스스로 사고 구조의 역사적 맥락을 정교하고 치밀하게 음미하는 것도, 철학이 그때그때 시대 상황 속에서 일단 사용되지 않으면 안 되기 때문이다. 실제로 자료보관자가 철학의 현지 조사를 통해 철학적 센스를 키우지 않고 현실 사회에 대해 발언했었을 때 왕왕 그 발언은 지극히 일반적인 발언이었고 무엇보다 피상적인 발언에 지나지 않았다.

철학의 '밖'으로 나가는 것

왜 철학은 이처럼 자신의 '밖'으로 나갈 것을 강요받는가? 이에 관해서는 먼저 두 가지 이유를 생각해볼 수 있다.

첫 번째는 '철학하는 것' 자체가 내재하고 있는 한계에 의한 것이다. 예를 들어 오모리 쇼조大森莊蔵가 말한 철학에 깃들어 있는 '정체를 알 수 없는 비유', '철학에서 추방하려고 해도 추방할 수 없는 비유'가 그것이다. 오모리가 예로 들고 있는 것은 지각의 비유, 타아他我의 비유, 죽음의 비유이다. 우리가 사실이라고 생각하는 사물의 존재, 타자의 존재, 죽음이라는 사건에 관한 담론은 각각 사물의 이면, 타자의 심적 체험, 살아남은 '나'라는 (지각의 한계를 넘어서는) '허구의 상정' 없이는 애당초 성립되지 않는다는 것이다. 그러한 '허상'을 뛰어넘는 '생생한 현실'이란 존재하지 않는다. 이처럼 사고의 가능성의 한계, 그 임계선상에 있는 것을 끝까지 사고로 캐묻는 것이 '철학하는 것'이라고 할 수 있다. 그리고 다른 한편에는 살고 있는 본인도 제대로 이해하지 못하고 있지만 그 나름대로의 확실함을 지닌 사람들의 생활 '현장'이라는 것이 있다. 살고 있는 본인도 '그냥 이렇게!'라고밖에는 표현하지 못하는 분절 불가능한 삶이다. 그리고 철학자는 '현장'에 서면 이런 분절 불가능한 삶을 분절 불가능한 상태 그대로 이해로 이끌 것을 요구받게 된다.

애당초 철학적 사고를 시작하게 되는 것은 정·반의 이항대립의 '밖'으로 나가려고 할 때이다. 대립의 지평에서 일탈하거나 혹은 뛰어내릴 때 비로소, 한편으로는 '현장'을 바라보는 눈동자 안에 생긴 개념적 대립과 이를 내포하는 사고의 지평에서 구조적으로 그것과는 다른 지평으로의 전위가 촉진되고, 다른 한편으로 사람들의 삶의 '현장' 속에 있는 하나나 둘로는 딱 나누어떨어지지 않는 것과 또 씹고 씹어도 미처 다 곱씹을 수 없는 목소리를 철학적 사고를 통해 들을 수 있게 된다. 후자의 의미에서 철학은 '현장'에서 이루어지는 다양한 논의에 개입해 논의의 흐름을 다른 차원으로 바꾸기 위해 부추기는 오지랖 방법론으로서 존재한다고 할 수 있다.

그런 의미에서 철학은 무언가에 대해 말하는 장소를 철학 내부에 요구할 것이 아니라 다른 장소로 옮길 필요가 있다. 타인이 말하는 그 장소, 문제가 발생하고 있는 그 장소에서 그 장소를 파고들어 스스로의 장소로 삼고 거기에서부터 말하고자 시도할 필요가 있다.

하지만 이때 철학이 그와 같은 작업을 함과 동시에 묻지 않으면 안 되는 것은 그 '현장'을 대체 누가 어떻게 선정하는가 하는 것이다. 아니, 애당초 그런 장소를 철학은 선택할 수 있는가? 이 경우 담론의 계승으로서 스스로의 역사 안에서 장소가 선정되거나, 혹은 동시대의 지배적 담론에 의해 선정되는 것이 아닐까? 나아가 그 장소에 '철학연구자'는 어떤 자격으로 어떻게 관여하려고 하는가? 또 관여함으로써 발생하는 책임에 대해서는 어떻게 생각하며 어떻게 받아들이는가? 이는 성실하고 정직한 서기書記 혹은 재미있는 부분만 취하고 떠나 버리는 르포라이터의 일회성과 대체 무엇이 다른가……? 여러 가지 물음에 철학은 사로잡힌다. 자신이 어디에서 입을 열려고 하는지를 가장 집요하게 묻는 학문이고자 하는 것이 바로 철학이기 때문에 '현대 철학'은 자신의 작업을 가능케 하는 매체 혹은 조건을 붙여온 다양한 매체에 수많은 질문을 던져왔다. '언어', '기호', '구조', '해석', '패러다임', '개념 도식', '인식의 이해 관심'……. 전문적인 사상사 연구에 틀어박히지 않고 '현장'이라는 '밖'으로 나가는 철학 또한 자신의 담론을 메타 비평한다는 의미에서이기는 하나 역시 과도하게 말이 많다.

철학을 포착하다?

하지만 철학이 '현장'에 임할 때 (이것이 두 번째 이유인데)
과도하게 말을 많이 함과 동시에 과도하게 청취도 많이
하지 않으면 안 된다. 철학자 또한 이 사회의 한 장소에
서 있는 한 그에게도 보이지 않는 것이 수없이 많을 것
이기 때문이다. 앞서 말한 바와 같이 사람들은 철학자
가 문제로 삼을 법한 엄밀한 명제에만 의지하며 살아오
지 않았다. 최후의 근거가 찾아지지 않더라도 사람들
은 그러한 근거와는 다른 확실함을 갖고 살아간다. 그
리고 거기에 존재하는 그 확실함 또한 철학은 발견해야
만 한다. 한 사람이 평생 경험을 통해 배울 수 있는 것
을 아득하게 능가하는 수많은 '지혜'가 거기에 있기 때
문이다. 쓰루미가 사람들의 생활 방식에서 '철학을 포착
할' 필요가 있다고 했던 것도 그러한 의미이고, 다나카
가 '모든 것에 주의를 기울이는 것'에서 철학의 태도를
봤던 것도 그러한 의미이다.

"'무엇을 위해' '무엇을' 여러 가지로 검토하고 종합해

커다란 연결 속에서 사람과 사물을 움직이는" '정치'의
기술이야말로 철학 업무의 가장 중심에 있어야 하는 것
이라고 주장한 다나카는, 사람이 생활과 일에 있어서
무엇을 줄곧 양보하지 않았으며 무엇을 결코 포기하지
않았는지를 규명하는 것이 철학의 업무라고 생각했다.
새로운 철학 이론을 발명하는 것에만 집착하지 않고 철
학을 발견하는 것, 그리고 생존해온 그것들을 말과 이
론으로 많은 사람에게 전하는 것, 그러한 매개자로서의
역할을 수행하는 것 또한 '철학자'의 임무일 것이다. 그
런 의미에서 '철학자'는 사고를 이른바 외부에서 포위해
조사하고 검열할 뿐인 '장학관'이나 '사감'이 되어서는
안 된다. 모든 담론을 받아들이는 '광장agora'이 스스로
되어야 하고, 그곳에서는 사람들이 타자를 소위 거울로
삼으며 자신의 생각을 확정해나가는 프로세스를 때로
는 옹호하고 때로는 그 프로세스를 그 사람이 확실하게
끝까지 걸을 수 있도록 그 여정의 방향을 바꿔주거나
말리기도 해야 할 것이다.

철학은 시종일관 자신의 내적 필연성을 말과 개념으

로 자아내기 위해 고심해왔다. 하지만 이는 결코 자신을 격려함으로써 지켜지는 것이 아니다. 자신의 '밖', 즉 자신과는 다른 존재로서의 타인과 함께하고, 때로는 잠시 타자에게 몸을 맡기기도 하며, 자신이 '동일'하게 계속 존재하는 것에서 해방될 가능성에 걸어보는 것도 마찬가지로 필요하다. 그런 의미에서는 내적 필연성을 유지하려고 하는 것만큼이나, 타자와의 접촉으로 발생하는 비결정성과 그로 인해 촉발되는 우발적이라고도 할 수 있는 사고의 전위를 스스로 강제할 필요가 있다. 똑같은 일은 그 타자에게도 일어난다. 이것이 철학이 사람들 사이에서 살아간다는 것이리라. 이때 비로소 철학은 '철학자'의 끝없는 자문에서 해방돼, 그것이 대체 누구 앞에서 누구를 대상으로 행해져야 하는 것인가 하는 물음을 자신에게 던질 수 있게 될 것이다.

철학의 대안──'임상'이라는 메타포

철학도 현지 조사를 하지 않으면 안 된다. 쓰루미 슌스케의 '철학을 포착하다'는 말이 의미하는 바로 그 작업을 말이다. 철학에 요구되는 이러한 작업을 사전에 데생해두기 위해 '임상'이라는 메타포를 도입하면 문제가 더욱 분명해질 것이다(실제로 나는 1990년대 전반부터 이러한 철학 작업을 '임상 철학'이라고 명명하고 이를 추진하기 위해 일찍이 소속되어 있던 오사카대학 철학과 제3강좌 '통칭 윤리학연구실'의 간판을 동료와 함께 '임상철학연구실'로 바꾸었다).

"임상(클리니컬)"의 장에서 전문가로서 양성된 자에게 철학을 배우고자 할 때 '임상'이라는 메타포가 상징하는 첫 번째는 이부자리(클리네)에 누워 있는 사람에게로 가는 의료자의 기술(클리니케)이라는 그리스어 어원이다. 문제가 발생하고 있는 곳으로 가는 것, 즉 철학에도 현지 조사가 있다는 뜻이다(참고로 병원 진료실에서 환자의 내방을 기다리는 병원 의사는 이 어원에 비추어 봤을 때는 '임상의'가 아닌 셈이 된다).

이때 향하는 곳, 즉 무언가 문제가 발생한 현장은 쉽

사리 문제를 해결할 수 없는 장소이고 예측할 수 없는 일이 차례로 발생하는 장소이기 때문에 하나의 시각으로 사전에 예견할 수 없기 마련이다. 그러므로 거기에서는 논하기에 앞서, 해석하기에 앞서, 우선 들어야 한다. 한 시점으로 보이는 것을 다시점적이며 다의적인 것으로 복원하기 위해 혹은 언어가 되지 못한 작은 목소리를 '목소리'로서 맞이하기 위해 우선 들어야 한다.

다음으로 이처럼 다의적인 것을 다의적으로 '보기'(자세히 보고, 진찰해보고, 돌보는 것) 위해서는 자신의 전문 식견을 언제든 제쳐둘 준비가 돼 있어야 한다. 말하자면 철학은 일종의 무장 해제에서부터 시작된다. 철학에서는 내적 정합성을 도모하는 것 이상으로 타자와의 접촉으로 인해 발생하는 우연성과 비결정성에 몸을 드러내는 것이 중요하다. 바꾸어 말하자면 즉시 일의적인 답을 내리지 않는 것, 즉 지금까지 자신의 시야에 없던 물음을 자신의 내부에 주입시키는 것이기도 하다(이미 살펴본 바와 같이 프랑스에서는 이를 위한 훈련으로서 콩트 랜듀compte-rendu라는 쓰기 연습을 한다). 다의적인 것을 다의적인 그대로 보기 위해서라도 안경—세상을 볼(=이해할) 때는 늘 구조가 존재한다, 즉 우리는 안경을 쓰지 않고는 세상을 볼 수 없다—을 평소보다 한층 정밀하게 재조정할 필요가 있다.

세 번째로 '보기' 위해 쓸 수 있는 것은 뭐든치 쓰는 것이다. 아도르노의 표현을 빌리자면 '비방법非方法의 방법'이라고 할 수 있다. 철학 방법을 철학 연구 방법으로 축소해선 안 되며, 말투와 문체도 논하는 사람의 취향에 따라서가 아니라 논하는 사상에 적합한 것으로 선택해야 한다.

그리고 네 번째로 철학에는 탐구 센스라는 것이 반드시 필요하다. 잘 '진찰해보기' 위해서는 사소할 수도 있는 현상에서 어떤 조짐이나 징후, 기척이나 암시를 알아차리고 읽어내는 안테나, 즉 예지precognition 능력이 꼭 필요하다. 가늠해보고, 핵심을 파악하고, 사인을 놓치지 않고 포착하고, 좋은 기회를 놓치지 않고, 전체를 두루 살피는 등의 센스이다. 나카이 히사오는 '관념은 생물이라서 신선도를 잃기 전에 도마 위에 올려놓기 위해서는 장인의 숙련도를 필요로 한다'고 했다. 이 문장이 나오는 문단을 통째로 인용해보겠다.

> 정교하고 치밀한 '의식적 방법론'에 따른 연구는 당당한
> 정면 현관문을 갖고 있지만 반대쪽은 의외로 빈약한 경우가
> 없지 않다. 이는 방법론에 따르는 사람의 문제가 아니라 방법
> 론에 따르는 것 자체가 가지는 결함이다. 이는 사후적 회고 또
> 는 비평에 적합한 비평가의 유력한 무기이지만, 발견에는 적
> 합하지 않다. 관념은 생물이라서 신선도를 잃기 전에 도마 위
> 에 올려놓기 위해서는 장인의 숙련도를 필요로 한다.
>
> (『징후 · 기억 · 외상』)

마지막으로 철학적 담론은 독백이어선 안 된다. 철학
적 담론은 (철학에 전혀 관심이 없는 사람도 포함해) 누군가를 대상
으로 해야 하며, 또 그 장소에 있는 사람과 서로 이야기
를 주고받아야 한다. 즉 수신인이 있어야 한다. 이를 위
해서는 우리 모두 '이런 말을 했다 바보 취급을 당하면
어쩌지?' 하고 불안하게 생각하지 않고, 논의에서 부정
당할 것도 두려워하지 않으며, 사안의 논리 자체(혹은 구

조)에 마음을 열 필요가 있다. 이 같은 대화에 요구되는 방법 중 하나가 말의 의미(텍스트)뿐 아니라 말의 질감과 감촉(텍스처)을 잘 의식하며 듣고 말하는 것이다.

이상의 다섯 가지 요청을 철학 아카데미즘은 자기 단련의 방법으로서도, 철학 교육 프로그램으로서도 채택하지 않았다. '임상'이라는 메타포가 상징하는 것은, '철학 연구'가, 시대를 '보는 것'이 제일 중요한 일차적 기능이 아니라고 함으로써 옆으로 밀려나게 된 철학 방법이다. '임상'이라는 간판이 언젠가 쓸데없는 말로서 없어지는 날이 온다면 그때 철학은 겨우 재생의 길에 들어섰다고 할 수 있을 것이다.

쓰루미 슌스케는 '철학을 포착할' 때의 마음가짐에 대해 '임상'이라는 단어는 사용하지 않았지만 다음과 같이 말했다.

첨벙하고 뛰어들어 구체적 사물 및 가치의 바닥 깊숙이 침잠함과 동시에, 즉시 하늘 높이 날아올라 추상 원리 영역에 도달할 수 있을 만큼의 폐활량을 가진다. 또 추상 원리의 구름 위에서 길게 낮잠을 자지 않고 다시 구체적 사물 및 가치의 바닷속으로 잠수할 만한 체력을 갖춘다. 이처럼 왔다 갔다 할 수 있는 요령을 체득한 사람이야말로 바람직한 철학자이고, 바다와 육지 두 곳에서 모두 살 수 있는 이러한 기술을 사람들에게 심어주는 것이야말로 새로운 시대의 철학 교수법이다. 이는 새로운 궁구와 숙련을 요한다.

(『미국 철학』)

'왔다 갔다 할 수 있는 요령' 그리고 '바다와 육지 두 곳에서 모두 살 수 있는 기술'—우리는 지금까지 이를 철학의 '현지 조사'와 '개념 창조'라는 두 가지 기술로 해석해왔다—을 습득하기 위해서는 '새로운 궁구와 숙련'이 필요하다고 말하고 있다. 이 '궁구'와 '숙련'에 대해 내가 생각하는 바를 지금부터 말하려고 한다. 철학이 임상에 임할 때 집중해야 할 과제를 내 나름대로 압축해보자면 우선 다음의 두 가지를 들 수 있을 것 같다. 하나는 '철학을 포착하기' 위해 어떤 시선과 마음가짐이 필요한가 하는 것이고, 다른 하나는 다른 사람의 다른

사고를 서로 조정해가는 대화의 장을 어떻게 설정할 것
이며 또 이때 대화가 원만하게 이루어지도록 어떻게 지
원할 것인가 하는 것이다.

2. 철학의 현지 조사——철학의 임상(1)

방법에 대한 회의

　현상을 설명하거나 분석하기 전에 철학이 해야 하는
일은 현상의 '기술記述'이라고 말한 사람은 현상학을 재
부흥시킨 메를로 퐁티이지만, 철학 방법을 둘러싸고 다
름 아닌 현상학의 시조 후설에게 이런 에피소드가 있었
다고 한다. 후설은 어떤 의미에서 아카데미즘 철학, 논
리학과 인식론 등 제반 학문의 기초를 탐구하는 소위 '기
초학'의 가장 전형적인 철학자였는데, 만년에 한 제자에

게 이렇게 털어놓았다. 자신이 어렸을 때 작은 칼을 받았던 적이 있는데 칼끝이 그다지 날카롭지 않아서 칼이 잘 들도록 직접 칼을 반복해서 갈았었다고 한다. 하지만 칼을 가는 데 열중한 나머지 정신을 차리고 보니 칼날은 무엇 하나 벨 수 없을 정도로 다 깎여나가고 남아 있지 않았다……. 그래서 슬픈 표정을 지었다고 한다.

현상학은 분석 철학과 함께 언어에 가장 섬세한 신경과 논리적 치밀함을 쏟아부은 학파이다. 분석 철학은 과학언어의 논리성과 함께 일상 언어의 어용론語用論적 분석을 했고, 현상학은 철학적 사고를 할 때의 '기술'의 중요성에 대해 가장 많이 생각했다. 이들은 사고의 매체에 섬세한 주의를 기울였으므로 마땅히 세상을 바라보는 깊은 시각을 손에 넣었어야 했다. 하지만 대개는 또 텍스트 해석의 정교함을 지나치게 요구한 나머지 다른 도회韜晦(본심이나 본모습을 숨기고 거짓된 모습을 꾸밈-역자 주)에 빠져 이제 와서는 세상을 자신의 나이프로 자를 수 없게 됐던 것이 아닐까?(현상학과 분석 철학은 텍스트의 형식에 집중한 나머지 본질을 간과했다는 비판을 받고 있다-역자 주) 필시 대상에게

나이프가 얼마나 잘 드는지를 강요할 것이 아니라 나이프를 어떻게 연마해야 하는지 지시하는 대상의 목소리를 들었어야 했다고 생각한다. 이를 위해 때로는 일부러 매끄럽지 못한 표현이 요구되는 경우도 있을 수 있다. 투박한 표현, 뭔가 걸리는 표현, 술술 읽히지 않는 표현이……. 철학적 사고란 개별적인 대상이나 사건의 개별적 형태에 끝까지 계속 집착하는 것이다. 개별적 문제는 하나의 사례가 아니라 개별성을 유지한 채 그대로 형태를 부여할 수 있어야 한다. 개별적인 대상과 사건의 한 단면에서 깜빡이는 '물음'을 세밀하게 그려내는 것이어야 한다. 철학이 늘 엄밀한 체계적 사고를 추구함과 동시에 때로는 단편적인 언어로밖에는 표현할 수 없는 것은 물론 물음을 던진 사람의 숨결과 묻는 방식 자체와 물음 대상의 감촉에까지 주의를 기울였던 것도 필시 이러한 이유 때문이다.

후설이 제자에게 털어놓은 것은 '기초학'으로서의 철학이라는 그 자신이 마지막까지 의심하지 않았던 이념—모든 지혜의 토대를 이루는 최종적인 지혜는 항상 동시에 자기 자신의 토대도 이루어야 한다는 이념—이 결과적으로 철학에 '방법'에 관한 과도한 요구를 하게 만들어 그것이 현상을 '기술'할 때 걸림돌이 된 것이 아닐까 하는 이야기이다. 철학이 모든 지혜를 '절대적인 시원始原에서 궁극적으로 뒷받침하는 것'이라면, 궁극적인 기초radix에 입각한다는 것은 당연히 그 절차에 있어서도 철저한 것, 근원적인 것radikal이 아니면 안 된다는 이야기가 된다. 하지만 이는 경험을 '반성'하는 방법으로는 성취할 수 없는 것이다. 왜냐하면 애당초 경험과 사고를 할 때 어떤 역사적 언어라는 모태에 정착하는 것부터 사고를 시작하는 것 자체가 사고하는 사람에게 있어서 폐기할 수 없는 전제이기 때문에, 그러한 이상 우연한 것이기 때문이다. 따라서 현상을 기술할 때 먼저 철학의 방법론적 요청에 따라 방법을 한정하는 것에는 현상을 뒤틀린 방식으로 추출하게 될 위험이 있다. 무언가에 대해 '철학적'으로 생각하기에 앞서 먼저 방법을 확실하게 정하려는 방식에 먼저 제한을 가해야 한다.

방법은 어떤 의미에서 현상에 의해 정해진다고 할 수 있다. 혹은 대상과 접촉하는 과정에서 확정되는 것이다. 대상에 관여하기 전에 방법이 먼저 정해지는 것이 아니다. 많은 철학은 먼저 방법론을 확실하게 구축하지 않은 채 분석을 시작해서는 안 된다는 규칙을 스스로에게 지나치게 엄격하게 강요해왔다. 니체는 '19세기 과학의 융성은 과학의 승리라기보다 방법의 승리'라고 냉정하게 지적했다. 학회에서는 주관·객관의 이분법이라든가 객관주의가 근대 철학의 족쇄였던 것처럼 말하지만, 방법주의야말로 근대의 이성이 빠져 있던 강력한 강박관념이 아니었을까? 물론 방법에는 사전에 탐구 범위를 한정하는 닫힌 방법과 분석의 지평을 새롭게 개척해가는 발견적 방법이 있을 수 있다. 하지만 발견적 방법은 탐구 과정에서 발견되는 것에 의해 알게 되는 것이다.

　이는 철학에 한정된 이야기가 아니라 과학 연구 일반에 대해서도 할 수 있는 이야기다. 과학 연구도 마찬가지로 아직 보이지 않는 것에 마음을 쏟는다. 하지만 보이지 않는 것은 대다수의 경우 특정한 이론의 틀 속에서만 미지의 것인 경우가 많다. 과학은 확실히 미개척 문제 영역에 민감하지만, 하지만 그 미지의 것은 그러한 이론의 틀로 인해, 혹은 틀 속에서만 미지인 것에 지나지 않는다. 위대한 과학적 발견이라는 것은 그 연구가 입각하고 있는 틀을 때때로 뿌리째 흔들고 이를 무효화시킨다. 왜냐하면 기존의 틀 속에서는 문제로조차 보이지 않는 것이나 별로 가치를 인정받지 못하는 현상에 대한 감수성이 과학 연구에서는 더 중요하기 때문이다. 똑같은 틀 속에서 게임과 경쟁에 매몰돼 있어선 '혁명'이라고 부를 만한 연구는 탄생하지 않는다.

비방법의 방법

이 시점에서 방법주의 비판을 중핵으로 하는 아도르노의 에세이론을 한 번 더 참조하겠다.

학문의 절차 및 이를 철학적으로 뒷받침하는 방법과의 관계에 있어서 이념으로서의 에세이는 체계에 대한 비판을 통해 철저한 결론을 이끌어낸다. 개념에 따른 강력한 질서로 결론짓거나 예측할 수 없는 경험을 더 중시하는 경험주의 이론에서조차, 다소나마 일정하다고 간주된 인식의 조건을 검토하고, 가능한 한 끊임없는 관련 속에서 인식을 전개하는 한 체계적이라는 사실에는 변함이 없다. 경험론도 합리주의에 뒤지지 않는 베이컨Francis Bacon 이후의—그 자신은 수필가였지만—'방법'이다. 방법의 무조건적인 올바름에 대한 회의는, 사고 자체의 진행에 있어서는 거의 에세이에 의해서만 실지實地로 옮겨졌다. 에세이는 암묵적으로 비동일성 의식을 참작한다. 이는 급진주의를 표방하지 않는다는 점에서 급진적이다. 그리고 원리로의 환원을 최대한 자제하고, 전체에 맞서 부분을 강조한다는 점에 있어서, 단편적인 것에 있어서 급진적이다.

(『문학 노트』)

아도르노는 여기에서 단일한 중심 또는 보편적인 원리로의 환원이라는 학문 이념에 의문을 제기하고 방법

적인 정합성과 체계적인 구축성에 반하여 오히려 단편
적이라고도 할 수 있는 사고의 힘을 대치시켰다. '영원
의 가치를 전문으로 하는 진정한 철학, 베거나 찔러도
꿈쩍하지 않도록 빈틈없이 조직화된 학문, 몰개념적이
며 직관적인 예술' 등에서 공통적으로 볼 수 있는 '배타
적인 순수 혈통을 지향하는 경향' 속에 '억압적 질서의
흔적'을 탐지해낸다.

이에 대해 아도르노가 대치시키는 것은 에세이다. 에
세이 쓰기라는 철학의 구체적인 시도에 관해서는 나중
에 상세하게 이야기하기로 하고, 여기에서는 에세이라
는 이념을 빌려 표현한 아도르노의 '철학' 비판에 대해
서만 살펴보겠다.

에세이적 사고는 늘 단편적이고 아무렇게나 떠오르
는 그때그때의 즉흥적인 생각에 지나지 않는다는 '멸시'
가 에세이에는 따라다닌다고 아도르노는 말한다. 하지
만 에세이는 모든 의미와 모든 가치의 법정을 자신의
내부에 수립하려는 인간의 오만을 격파한다는 것이 아
도르노의 '철학' 비판의 핵심이다. 이를 아도르노는 '에

세이의 방식은 방법적으로 비방법적이다'라고 표현했다. 에세이는 어떤 화제로부터 자연스럽게 이야기를 꺼내는데, '모든 것을 끝까지 이야기한 다음이 아니라 적당하다고 느껴질 때 이야기를 꺼내는' 냉정한 유연성을 갖고 있으며, 근원에서 자신을 재구축하기도 하고, 종국을 향해 고리를 닫으려고 하지 않는다. 하나의 이념으로 모든 것을 다 감싸려고 하거나 모든 것을 꿰뚫으려고 하는 자만에 무엇보다 민감하다. 따라서 에세이는 관료처럼 자신이 사용하는 개념에만 구애하는 논증주의적 사고와 그 '모든 것을 망라하기에 급급한 쪼잔한 방법'보다 훨씬 긴장감 넘치는 발걸음으로 전진하지 않고 빙글빙글 회전한다. '에세이는 정의에 집착하는 방식 이상으로 (……) 정신적 경험 과정에서의 개념 상호의 교호交互 작용을 촉진한다. (……) 사색도 한 가지 방식으로만 하지 않고 제반 요소가 여러 개의 실로 짜인 융단처럼 서로 교차한다. 사고의 결실이 얼마나 풍성할지는 이 교차의 밀도에 달려 있다'고 말한다.

아도르노는 여기서 다양한 개념을 구사하는 에세이

의 방식은 다른 나라에서 어쩔 수 없이 그 나라의 언어를 쓸 수밖에 없는 상황에 놓인 사람의 태도와 비슷하다고 지적한다. 그는 사전을 펼치지 않고 온갖 고생에 발버둥을 치며 글자를 읽는다. 그리고 '그때마다 다른 맥락 속에서 같은 단어를 30번이나 보게 된다면, 나열된 여러 가지 의미를 사전에서 봤을 때보다 훨씬 확실하게 그 단어의 의미를 습득하게 될 것이다'라고 한다. 그런 의미에서 에세이는 '기반을 다진 다음에 건축에 착수하는 방식을 취하지 않는다'는 것이다.

아도르노가 내놓는 말은 하나같이 방법주의와 체계 지향 정신을 거스르는 것뿐이다. 그중에서도 특히 강조하는 것은 대상 및 사건과의 불일치와 균열로 가득한 접촉이다. '파편으로 생각하는 것은 현실 자체가 분열되어 있기 때문으로, 터진 부분을 꿰매 수선함으로써가 아니라 이를 돌파함으로써 자신의 통일을 발견하기' 때문이라고 아도르노는 말한다. 그렇다면 언어의 감촉, 문체와 말투의 스타일 문제는 더 이상 부차적인 것이라고 할 수 없다. '대상화된 내용의 서술에 무관심한, 방법과 사안을 분리하는 방식보다 서술을 중시'하는 것이 에세이다. 현상의 '기술'을 지향했지만 이를 해내지 못한 후설의 술회가 의미하는 바를 아도르노의 이러한 문장이 가장 정확하게 지적하고 있다고 생각한다.

'영원'이라는 가공된 장소에서가 아니라 그야말로 '시대의 핵심부'에서 사고의 촉수를 뻗는 에세이는 그 시대의 하잘것없을 정도로 사소한 국면에 불현듯 떠오른 풍경과 표정을 놓치지 않는다. 하지만 이러한 인상론적 physiognomical 사고는 아카데믹한 담론 공간에서는 변변찮은 위치밖에는 부여받지 못한다. 그러나 바로 그렇기 때문에 독자적인 비판력을 가진다고 할 수 있다. '철학을 바보 취급하는 것이야말로 진정으로 철학하는 것이다'라는 파스칼의 말을 떠올리지 않을 수 없는데, 이 문장에서도 마찬가지로 앞서 말한 수필가(시도자)의 기상이 넘쳐흐른다. 지금 우리가 여기에서 오로지 악역으로 몰고 있는 철학에 요구하고 싶은 것도 그러한 유연한 비판력과 세심한 비판력이다. 바꾸어 말해 절대적 지식과 보편적 타당성이 가능한가 불가능한가, '체계적인 토대

마련 관련의 통일'이 가능한가 불가능한가와 같은 양자 택일이 아니라, 그 중간 영역에서 세계를 구성하는 다양한 단면의 질감에 섬세하게 감응하면서 현상의 벽 속으로 깊이 헤집고 들어가 사고하는 철학 방식이다.

철학적 센스

우리는 맨눈으로 세상을 보고 있다고 생각하지만 사실은 항상 어떤 구조 속에서 보고 있다. 언어로 세상을 분절하고 일정한 개념의 틀에 따라서 분절된 것을 관련지으면서 경험하고 사고한다. 이 안경은 끊임없이 조정되고 때로는 다른 안경으로 바뀌기도 하지만 안경 자체를 벗을 수는 없다. 안경을 벗으면 볼 수 없으므로 안경의 정밀도를, 벗은 채 볼 수 있는 것(세상)을 기준으로 측정할 수는 없다. 안경을 쓴 채 정밀도를 측정할 수밖에 없다.

정밀도를 높이기 위해서는 안경을 통해 보이는 세상

에 끊임없이 물음을 던져야 한다. 그리고 제대로 보이고 있는 것인지 따져 물어야 한다. 어떤 물음을 세상에 던질 것인가? 어떤 물음을 자신에게 던질 것인가? 여기에 세상 탐구와 자신의 시선 검증의 사활이 걸려 있다.

그럼 어디에 주목해야 할까? 세상이 뒤틀려 보이는 곳, 초점이 안 맞아 흐릿하게 보이는 것, 다른 보이는 것들과 정합하지 않는 것, 사람에 따라 다르게 보이는 것, 균형을 잃고 붕괴되고 있는 것. 혹은 모순이 드러난 곳, 논리가 파탄 난 곳, 도무지 설명할 수 없는 것, 현상과 이해의 구조가 일치하지 않고 삐걱거리기 시작한 곳. 또 현상의 구조가 상상도 못 한 방향으로 어그러지려는 낌새, 사고 기류의 변화……. 무언가 엄청난 지각 변동이 일어날 듯한 기미를 놓쳐서는 안 된다. 그렇다. 그러기 위해서 잘 가늠하는 것, 요점을 파악하는 것, 사소한 사인도 놓치지 않고 포착하는 것, 좋은 기회를 놓치지 않는 것, 전체를 두루 살피는 것, 요컨대 감도가 좋은 안테나를 펼치고 전체에 주의를 기울이며 미세하지만 경험의 지반을 통째로 뒤흔들려고 숨죽이고 있는 것에 대한 감도를 높이는 것, 그리고 거기에서 물어야 할 물음을 발견하는 것, 그러한 센스를 기르지 않고는 아무것도 시작되지 않는다.

'현장'의 한 점에서는 다 볼 수 없는 동적인 전체에 끊임없이 눈길을 주는 것은 주방일을 하는 것과 비슷하다. 있는 재료로 어떤 메뉴를 만들 것인가, 요리가 식지 않도록 어떻게 궁리할 것인가, 정리 작업을 조리 중간에 어떻게 잘 끼워 넣을 것인가, 설거지는 언제 할 것인가, 식기는 어떻게 수납할 것인가, 또 필요·불필요의 판단, 재료비의 조절과 관리, 그리고 그동안에도 가족의 모습을 은근히 살피는 것. 그렇게 주변을 살피며 핵심을 놓치지 않으면서 부정형으로 꿈틀거리는 전체를 지속적으로 케어하는 것, 그리고 거기에서 생각해야 하는 것과 고쳐야 하는 것을 찾아내는 것. 철학으로 말하자면 현지 조사를 통해 문제를 추출하고 이에 응할 수 있는 개념을 창조하는 것이다. 사실 철학은 주방일과 일맥상통한다.

이처럼 시선과 주의를 기울이는 것을 '철학적 센스'라

고 부르고 싶다. '현장'에서 '철학을 발견'하는 이러한 센스를 뭣하면 시력 내지는 기법이라고 불러도 상관없는데, 이것을 지금까지의 일본 철학 교육은 개발하려고 하지 않았다. 말할 것도 없이 이러한 센스를 기르지 않고 중등교육, 그중에서도 고등학교의 '윤리'와 '현대 사회' 수업에서 구체적인 사례를 들며 '생각하는 연습을 시키는' 것은 불가능한 일이다. 그리고 그 배경에는 일본의 철학 연구가 중등교육에서의 철학 교육의 필요성을 과제로서 제대로 받아들이지 않았다는 사실이 존재한다.

'징후'에 감응하는 지혜

철학뿐 아니라 일반적으로 과학 연구에 종사할 때 연구자는 확실히 미개척 문제 영역에 민감하지만, 그 미지의 것은 기정 이론의 틀 속에서만 미지일 뿐이다. 과학은 가설을 세우고 관찰과 검증을 거듭하며 진화하는

데, 그 과정에서 여태까지의 이론 구조로는 도저히 설명할 수 없는 현상이 나타나는 경우가 몇몇 있다. 이들을 설명하기 위해서는 지금까지 연구를 주도해온 개념 구조를 크게 확장하거나, 그래도 불가능할 때는 그 구조를 근본적으로 재편성할 필요가 있다. 실제로 지금까지의 과학 역사를 살펴보면 알 수 있는 바와 같이 역사에 남은 발견은 당시까지의 연구가 입각하고 있던 이론 구조를 때때로 근본부터 뒤흔들고 재구축한 것들이다. 그렇다는 것은 기존의 틀로는 설명할 수 없는 현상, 기성의 틀에서는 별다른 가치가 없는 현상, 아니, 애당초 문제로서 의식조차 되지 않는 현상에 대한 감수성을 충분히 갖고 있는지 아닌지가 과학 연구의 진화에 있어서 더없이 중요하다는 이야기가 된다.

이는 개별적인 과학 연구 과정뿐 아니라 이들 제반 과학의 개념틀 자체, 즉 세계 이해의 구조 일반에 대해 논하는 철학적 사고 자체에 대해서야말로 해야 할 말이다. 철학적 사고에 있어서는, 그렇다, 수렵민족이 몇 킬로미터 떨어진 지점에서 자연환경의 미세한 변화에 정확하게 반응하는 것처럼 동시대 사회의 미세하지만 근본적인 변화를 감지하는 센스를 갖는 것이 더없이 중요하다. 그리고 이러한 감수성의 방법은 무엇보다도 우선 내적인 필연적 논리를 치밀하게 검토해야 한다는 요청에 충실한 것과 마찬가지로, 다른 것과의 접촉으로 인해 비결정적=우연적으로 생성되는 현상에도 충실하려고 한다. 앞에서도 잠깐 인용했던 '관념은 생물이라서 신선도를 잃기 전에 도마 위에 올려놓기 위해서는 장인의 숙련도를 필요로 한다'는 나카이 이사오의 말이 그 어떤 말보다 이를 분명하게 표현해준다.

이러한 탐구의 '장인적 숙련도', 즉 수렵민족과 같은 감수성을 일찍이 카를로 긴즈버그Carlo Ginzburg는 '세렌디피티serendipity에 의한 지혜'라고 표현했다. 긴즈버그에 따르면 19세기 말 무렵, 인간 과학의 영역에서 '증후학에 기초를 둔 추론적 범례'라고 부를 만한 인식론적 모델이 다방면에서 동시적으로 부상했다고 한다. 그가 가장 상징적인 사례로서 제일 먼저 든 것은 조반니 모렐리Giovanni Morelli가 1870년대에 제안했던 회화 작가 감정법이다. 모렐리가 회화의 진위 및 작가 감정을 위해 주목했던 것은 화가가 속한 유파의 양식 같은 한눈에 들어오는 특징이 아니라 귓불이나 손톱, 손가락과 발가락 모양, 혹은 헝클어진 머리카락이나 주름이 많이 잡힌 옷감과 같은 '간과하기 쉬운 세부'였다. 이들은 의도치 않게 '잽싸게 그린 부분, 즉 현실을 옮기려고 하지 않은 부분', 즉 '실제로 어떠해야 하는가보다는 화가의 상상력과 적확한 기량에 의해 그려진' 부분으로, 바로 그러한 '개성적 노력이 가장 적게 투입된 부분'에서 개성이 발견된다고 역설했다. 이러한 지혜가 유럽에서 19세기 말경에 동시다발적으로 나타났다. 말실수와 실수행동에 주목하는 프로이트의 증상 분석, 진흙 위에 찍힌 발자국과 담뱃재, (여기에서도 마찬가지로) 귓불 등에서 범죄 규명의 단서를 찾는 코난 도일Arthur Conan Doyle의 셜록 홈스 탐정, 그리고 전세기前世紀에 퍼졌던 필적감정학과 관상학, 그리고 무엇보다 병력과 증상으로 진단하는 증후학, 또 식물채집에서는 신종을 재빨리 발견하는 직감 등……. 사소한 것, 하찮은 것, 철저히 조사한 끝에

'관찰하고 남은 찌꺼기'를 무언가를 암시하는 것, 즉 징후 및 흔적으로 읽어내는 능력이다. 숨겨진 것을 발견하는 기술로서의 이 같은 징후에 의한 지혜, 즉 세렌디피티가 '의사, 역사가, 정치인, 항아리 제조자, 목수, 선원, 사냥꾼, 어부, 여자에까지 퍼졌다'고 긴즈버그는 말했다. 그리고 사상과 문학에 있어서의 격언과 같은 표현 —체계적 서술의 대극에 있는 것— 또한 '원래 징후나 징조를 바탕으로 인간과 사회를 판단하려는 시도'로 해석할 수 있다고 했다. 참고로 롱맨Longman 현대 영어사전에서는 세렌디피티를 '우연한 발견에서 특별한 의미와 가치를 찾아내는 자연적 능력'이라고 설명한다.

세렌디피티라고 명명된 이 징후적인 지혜는 애당초 '인간의 지적 활동 가운데 가장 오래된 형태'라고 할 만한 것으로, 긴즈버그는 신석기 시대 수렵민족의 그것을 예로 들며 다음과 말이 말했다.

사람은 몇천 년 동안 사냥꾼이었다. 그리고 반복적으로 사냥감을 추격하는 과정에서 진흙에 남겨진 발자국과 꺾인 나뭇

가지, 똥의 흩어진 정도, 한 움큼의 털과 뒤섞인 깃털, 희미하게 남아 있는 냄새 등으로 사냥감의 모습과 움직임을 추측하는 법을 배웠다. 인간은 명주실처럼 미세한 흔적을 탐지하고 기록하고 해석하고 분류하는 것을 익혔다. 인간은 밀림의 수풀과 덫으로 가득한 숲속 공터에서 이러한 복잡한 정신 작업을 일순간에 할 수 있게 된 것이다.

(『신화 · 우화 · 징후Miti · emblemi · spie』, 1986년)

이러한 지혜는 훗날의 '신들이 돌과 하늘에 남긴 전언을 판독하려는 바빌로니아의 점술사'에게서도 볼 수 있는 것으로, '양자 모두 직접 확인할 수 없는 사건의 흔적을 발견하기 위해 최하급이라고도 생각할 수 있는 현실을 꼼꼼하게 탐색한다. 사냥꾼의 경우 그것은 똥과 발자국, 털과 깃털 등이고, 점술사의 경우에는 동물의 내장과 수면 위의 기름, 천체, 신체의 불수의不隨意적인 움직임 등이다'라고 긴즈버그는 말한다.

우리가 잊고 사는 이러한 야성적이라고도 할 수 있는 지혜, 즉 '징후적 지혜'에 일본에서는 나카이 히사오가 일찍부터 주목했다. 경험의 기술—현상학과 마찬가지로 나카이도 이것을 출발점으로 언어를 자아내기 시작했다. 우리의 경험이란 '희미한 예감과 감도는 여운과 늠름한 현전現前의 숨 막힐 듯한 교차'로서 존재한다. 세계는 존재하는 사물의 전체로서 파악되기 전에 우선 '명멸하는 징후', '존재의 지평선에서 명멸하는 것'으로 존재한다. 그리고 '현전의 주변에 나부끼는 것'이야말로 현전이 구체적인 어떤 양상을 드러낼 때 중요한 맥락이 된다. 현전의 주변에서 명멸하고 있는 것이란, 하나는 무언가를 이끌어낼 단서가 되는 희미한 '징후'이고, 다른 하나는 망막한 현전의 배경에서 참조축으로 부상하는 '색인'이다. '징후'와 함께 꿈틀대기 시작하는 것이 미래에 대해 선취적 자세를 취하는 미분회로적 인식이라면, 과거의 체험을 '색인'으로 참조하면서 판단하는 것은 적분회로적 인식이다. 전자는 현전의 주변에 감도는 미세한 변화에 재빠르게 감응하는 데 반해, 후자는 여러 가지 과거의 체험을 참조하며 작용하기 때문에 잡음 흡수력이 높다. 바꾸어 말해 전자의 미분적 회로는 미세한 변화에만 감응하기 때문에 미세한 잡음을 너무 많이 캐치해 대국적인 파악이 불가능해지는 경우가 잦아 '오작동'하기 쉽고, 변화에 지나치게 감응해 동요가 즉시 증폭하는 등 전체가 혼란에 빠지기 쉬우며, 그 불안정함으로 인해 사람을 몹시 피로하게 만든다. 이에 반해 후자의 적분적 회로는 입력에 대해 과거의 데이터를 참조하며 대응하기 때문에 안정적이긴 하나 돌발적인 입력에는 대응이 늦는 경향이 있고, 중요한 징후를 많은 사례 중 일례로서 수많은 입력 속에 매몰시켜버리기도 한다. 이때 미분적 회로의 돌출 및 실조失調—여기에서는 '현전 세계 자체가 거의 징후에 매몰되거나 또는 세계 자체가 징후화 된다', 즉 '나'는 이 세계에 안심하며 있을 수 없게 된다—와 적분적 회로의 마비가 다름 아닌 '병태病態'가 된다. 그중 하나인 이인증離人症도 '징후성, 예감성, 여운성, 색인성 등이 제거된 생생한 현전'에 노출된 상태로 해석할 수 있다.

나카이가 여기서 말한 '전모를 알 수 없지만 무시할 수 없는 중대한 무언가를 암시하는' 것을 숨죽이고 살펴보는 감각이야말로 세렌디피티에 해당한다고 하겠다. 현상을 형식이나 틀에 관한 설명이나 해석을 통해서가 아니라 문맥의 복잡한 굴곡 속에서 폭넓게 기술하는 것. 바꾸어 말해 현상을 '발생기 상태', 즉 생성되는 상태에서in statu nascendi 파악하는 것. 후설이 기대했던 것은 사실 이러한 기술—현상의 학문phenomenology이라기보다 오히려 현상의 기술phenomenography—이 아니었을까? 나카이의 논의는 그렇게 짐작하게 한다. 야성적이라고도 할 수 있는 이러한 탐색력, 즉 징후적 지혜가 철학의 임상에서는 그 무엇보다 필요하다.

메티에에서 개념으로

찢어진 데나 풀린 데를 발견한다는 것은 거기에서 세계라는 텍스트를 다른 방식으로 편성하기 위한 단서가 되는 '징후'를 읽어내는 것이다. 앞서 긴즈버그가 세렌디피티라고 부른 센스를 갈고 닦기 위해서는 여러 '현장'에 묻혀 있는 다형적인 지혜를 말하자면 서핑하는 것이 최고이다. 앞서 지혜의 배치 전체에 '주의'를 기울이며 이들의 있을 법한 변용과 협동의 보다 적절하고 이상적인 상태를 탐색하는 것이 철학의 중요한 업무라는 입장에서 그런 업무를 고바야시 다다시의 말을 빌려서 '논의의 서로 다른 골조를 상호 번역할 수 있는 능력', '사회적 이언어를 오갈 수 있는 능력'이라고 했다. 이질적인 것을 연결하는 이러한 센스가 철학의 임상에 있어서는 마치 수렵인이나 채집인처럼 예민하고 미세하게 작동할 것이 요구된다.

철학의 임상은 '철학을 포착하는 것'이므로 '현장'을 사전에 한정하지 않는다. 의료와 간호 현장, 전문가가 일하는 현장, 아트와 디자인 현장, 저널리즘과 교육 현장 등 예측 불가능한 일이 발생하는 현장에서의 임기응변, 혹은 거기에서 저절로 일어나는 '천연의 시정是正(단가즈오褌─雄)을 자세하게 기록하는 것, 그리고 거기에서 긴 세월 동안 아픈 경험을 반복하는 과정에서 습득하게 된 메티에métier(어떤 직업에 기본적으로 필요한 전문적인 기술상의 재치 및 능력, 혹은 장인 정신-역자 주)라는 형태로 별달리 의식하지 않아도 구동하는 살아 있는 지혜를 찾아내는 것이 '철학의 임상'에서 시도되고 있는 것이다. 일회성 다큐멘터리를 쓰기 위해서가 아니다. 현재 담론의 틀 속에서는 무의미한irrelevant 것으로 간주되는 것을 사선적으로 연결하고, 거기에서 사람들 모르게 작용하고 있는 지혜의 역선力線을 추출하기 위해서이다. *

*실로 불충분하지만, 내가 과거에 처음으로 시도했던 '철학 현지 조사'의 기록으로, (가장 넓은 의미로서의) 케어의 현장에 작용하고 있는 다양한 메티에를 탐색했던 『약함의 힘弱さの力』(2001년)이 있다. 비구니로도 활동하는 간호사, SP(모의 환자) 운동에 열중하는 여성, 댄스 치료 전문가, 정신 장애 체험자와 알코올 의존증 환자의 그룹홈 '베테루의 집'에서 절규 가인歌人으로 콘서트를 계속 열고 있는 비구니, 건강랜드에 다니는 소설가, '선생님'으로 불리는 성감대 마사지사 여성, 꽃의 죽음을 지켜보는 꽃꽂이 전문가, 학생이 학생을 가르치는 애프터스쿨 등을 '취재'하며 거기에서 '철학을 포착하는' 작업에 1년간 몰두했다.

실제로 일본의 건축과 패션 디자인과 요리 문화, 즉 생활 문화의 기초를 이루는 의식주 디자인 분야는 세계의 선두에서 실험적인 시도를 하고 있다. 이 중에는 세계에 '또 다른 보편'으로서 경탄을 자아내며 받아들여지고 있는 작업이 많다. 이들에 공통되는 특징은 이들의 작업이 '철학'을 포함하고 있다는 것이다. 예를 들어 그 안에 있으면 "'산다'는 것은 무엇인가?"를 생각하지 않을 수 없는 건축 디자인(예를 들어 안도 다다오安藤忠雄, 이토 도요伊東豊雄, 야마모토 리켄山本理顕 등의 작업과 무명의 목수들의 작업), 혹은 입으면 "'입는다'는 것은 무엇인가?"를 생각하게 만드는 옷의 디자인(예를 들어 미야케 잇세이三宅一生, 가와쿠보 레이川久保玲, 야마모토 요지山本耀司의 작업), 그리고 "'먹는다'는 것은 무엇인가?"를 절감하게 하는 거리의 요리사들의 작업 등을 보면 알 수 있다. 이들의 현장을 '취재'했던 것도 '철학의 임상'의 전초전으로서 큰 공부가 됐다.

여기에서 작용하는 센스는 무엇일까? 앞서 '익숙한 것을 낯선 것처럼 다루고 낯선 것을 익숙한 것처럼 다루는' 시각이 철학적 사고에는 필요하다는 제임스의 말을 인용했었는데, '이노베이션 전문가'로 불리는 톰 켈리Tom Kelly는 마치 이 말을 번역한 것처럼 다음과 같이 말했다. '데자뷔déjà vu'라는 프랑스어 단어가 있는데, 이는 지금껏 한 번도 본 적이 없음에도 언젠가 어딘가에서 본 적이 있는 것처럼 느끼는 '기시감既視感'을 말한다. 켈리는 이 단어를 뒤집은 '뷰자데'를 이에 대치시켰다. 지금까지 여러 차례 봤던 것을 지금 처음 보는 듯한 감각으로 보는 것, 말하자면 '미시감未視感'이다. 새로운 것을 찾아내는 것이 아니라 새로운 눈으로 대상을 보는 것이다. 그리고 시대 주류의 니즈에 휘둘리지 않고, 또 그것에 무턱대고 부응하지도 않으며, 니즈의 더 깊은 곳에 있는 진정으로 중요한 니즈를 알아차리는 것이다. 그 계기는 의외로 우리 일상의 주변에 있기도 한다. 선인들이 침이 마르도록 강조했음에도 눈앞의 이해에 눈이 멀어 못 보고 있는 것에 문제의 뿌리가 있다고 켈리는 말한다.

　이러한 야성적이라고도 할 수 있는 지혜는 과학의 선구적 연구와 인문학 문헌 자료의 해독과 현지 조사를 할 때 음으로 양으로 끊임없이 작용하는데, 현대 생활의 더 일상적인 곳에서는 의외라고 생각할지 모르지만 광고 카피라이트에서 동일한 지혜(라기 보다는 감도가 뛰어난 안테나?)를 찾아볼 수 있다.

　무언가 크게 변화하고 있는 것 같다. 그것도 이쪽저쪽 평면으로 아무래도 동일한 문제가 드러나기 시작한 것 같은데 그것이 무엇인지 분명하게 파악할 수 없다. 그럴 때 어떤 말을 거기에 던지면 답답한 심정에 어떤 결정 작용이라고 할 만한 것이 일어나 많은 부분을 납득하게 되는 경우가 있다. 철학은 이것을 개념으로 행하고, 광고는 이것을 캐치프레이즈로 행하는 것이 아닐까? 구태여 부버Martin Buber의 과장된 표현을 여기에 인용하자면, 철학과 광고 카피라이트는 늘 시대의 근원어 Grundwort를 추구한다고 할 수 있지 않을까?

　논리적으로 골몰하는 언어와 안테나처럼 미세한 것

을 감지하는 이미지 언어……. 세계에 접근하는 회로는 다르지만 보이는 것에서 보이지 않는 것을 상상력으로 끌어내는 방식이라는 점에서 철학과 카피라이트에는 공통점이 있다. 이 사회, 이 시대를 살고 있지만 보이는 것보다 보이지 않는 것이 훨씬 많다. 혹은 시대의 커다란 변용을 감지하더라도 그것이 무엇인지 모른다……. 그 답답함을 순식간에 결정화하는 것, 그것이 철학 언어이고 카피라이트 문구이다. 시대는 항상 그러한 결정 작용, 즉 발견적 언어를 추구해왔다.

그러한 발견적 카피라이트 중 하나에 내가 감탄을 금치 못했던 것이 있다, 일본의 카피라이터 이토 시게사 土糸井重里가 쓴 세이부西武백화점 광고 카피라이트 '갖고 싶은 게, 갖고 싶다!'이다. '갖고 싶은 게 갖고 싶다'는 그저 동어 반복일 뿐이다. 사람들을 당혹케 한 이 카피라이트는 사실 '갖고 싶은 게'와 '갖고 싶다' 사이에 있는 '쉼표'와 마지막에 달린 '느낌표'가, 그 동어 반복의 틈바구니 속으로 사람을 끌어당긴다. 이를 직역하면 'I want what I want'가 되지만, 네이티브에게 물어

보니 이렇게 쓰면 '갖고 싶으니까 갖고 싶지!'라는 떼쓰는 어린이의 말투가 돼버린다고 한다. 따라서 'I want to want'라고 번역하는 것이 옳다고 했다. 갖고 싶을 때 갖고 싶은 것이 늘 눈앞의 쇼케이스에 있고, 이를 차례로 사들이는 사이에 언젠가 '꼭 갖고 싶어!'라고 생각했던 것도 샴푸로 씻어낸 것처럼 퇴색되어간다. 이런 고도 소비 사회에서 사람이 정말로 갖고 싶어 하는 것은, 이것 없이는 못 살겠다는 생각이 들 만큼 진심으로 갖고 싶은 것만이 되어버렸다……. 욕망의 대상인 상품이 포화 상태에 이르러 이제는 욕망의 생산 자체를 '광고'라는 유혹의 매체로 끊임없이 하지 않으면 안 되게 되어버린 끝에 '모든 기호가 상대적인 관계에 놓이는 지옥'(장 보드리야르Jean Baudrillard) 속에서 욕망 자체가 시들어가는 광경을 이토는 이 한 문장으로 표현한 것이다. 광고라는 매체의 최전선에서 차례로 매력적인 캐치프레이즈를 써온 이토가 욕망의 이완이라는 적나라한 사실에 직면해 자기비판한 결과가 이 문장에 애처롭게 담겨 있다고 하면 과장일까? 이토는 1980년대 세이부백화점의 정월 신문광고 1면에 이노우에 유이치井上有一가 쓴 '빈貧'이라는 글자만을 마치 지면에서 튀어나올 것 같은 커다란 크기로 게재하는 카피라이트를 창조했다. 상품이 넘쳐나는 도시에서 새로운 것이라고는 이젠 '가난貧'밖에 없는 1980년대의 일본 상황을 시니컬하게 그려낸 것이다. 이 카피라이트는 '죽음 외에 새로운 것은 없다'는 어느 사상가의 잠언과 더 없이 근접하다고 할 수 있지 않을까?

철학은 '개념 창조'라는 형태로 시대의 자기의식에 이러한 결정 작용을 해왔다. 제2차 세계대전 후 철학자들은 '실존', '구조', '패러다임', '차이', '복수성' 등의 개념을 시대 속에 삽입했다. 그리고 그 결정 작용에 감염돼, 그후 예를 들어 비즈니스 업계에서는 ('구조'에서는) '구조 개혁'과 '구조 조정', ('패러다임'에서는) '패러다임 시프트'와 '수평 사고', ('차별'에서는) '차별화'와 같은 업계 용어를 원의原意에 독자적인 곡률을 곱해 만들어냈다. 좋든 싫든 철학의 '개념 창조'가 시대의 자기의식에 결정 작용을 일으키기 위해 시대에 앞서 방아쇠를 당겨왔다는 사실은 '자유'와 '소유권', '자율autonomy'과 '시스템', '공생'과 '다양성' 등 개념 생성의 역사를 통해서도 알 수 있다.

갖가지 메티에에서 배우는 것과 개념을 창조하는 것, '철학의 임상'에서 대극적 위치에 있는 이 두 가지 지혜의 꿈틀거림을 늘 연동시키는 것이 중요하다. 에세이가 가진 소묘의 힘으로 현장의 얽히고설킨 굴곡 속으로 들어감과 동시에 그 현장에서 포착한 메티에를 '철학'으로서 대들보처럼 명제로 집약해가는 것, 대립하는 극으로 향하는 두 가지 시도이다.

발견하는 방법——에세이 쓰기

에세이와 관련해서는 먼저 흔히 하는 오해를 풀지 않으면 안 될 것 같다. 에세이란 철학의 논리적이며 치밀한 논고와 정반대되는 글이라는 오해이다. 에세이라고 하면 서점에서는 언제나 '문학' 이외의 코너에 위치하며 소설이나 시, 평론 이외의 작가가 쓴 '가벼운' 잡탕 서적으로 취급된다. 대단히 다의적이고 정의하기 애매한 장르라는 인상이 있다. 그래서 '에세이Essay'는 '수필隨筆'이라고 번역되어왔다. 하지만 다른 한편으로 로크의 『인간지성론An Essay concerning Human Understanding』과 버클리George Berkeley의 『시각신설론An Essay Towards a New Theory of Vision』, 흄David Hume의 『인간의 지성에 관한 철학적 탐구Philosophical essays concerning Human Understanding—후에 An Enquiry concerning Human Understanding로 제목을 바꿈』, 또 라이프니츠Gottfried Wilhelm Leibniz의 『인간지성신론Nouveaux essais sur l'entendement humain』 등 근세 철학의 큰 저술들도 제목에 '에세이'란 단어를 내걸고 있다. 이처럼 치밀한 추론서도 '에세이'라고 부른다. 어째서일까?

이본느 벨란제Yvonne Bellenger는 자신의 저서 『몽테뉴—정신을 위한 축제Montaigne—Une fête pour l'esprit』(1987년)에서 몽테뉴Michel de Montaigne가 쓴 저서의 표제 『에세이essais(수상록)』가 비속한 라틴어로 '계량'을 의미하는 ex-agium이란 단어에서 유래했으며, 그런 의미에서 'essais'는 실험exercitation이나 경험expérience과 거의 같은 뜻이라고 했다. 'essais'는 시도이고, 시련이며, 독의 유무 확인이나 사전 연습과도 통하는 바가 있다. 몽테뉴의 동시대에는 '에세이'와 유사한 책 제목으로 '논쟁disputations', '격언sentences', '금언mots dorés', '대담록entretiens', '잡찬mélanges', '잡록variétés', '잡편diversités' 등의 단어가 자주 사용됐다면서, 벨란제는 프리드리히H. Friedrich의 말을 인용해 몽테뉴는 essais(시도)라는 단어를 '그의 지적 방법과 그의 생활양식, 그의 자기 실험을 표현하기 위해 다른 의미로는 잘 사용하지 않았다'고 썼다. 'essais'라는 단어는 본래 '저울', '실력 확인'이라는 뜻으로 쓰였는데, 거기에서 파생돼 '사고를 시험하다'는 정신을 표현하게 된 것이다.

여기에서 두 가지 문제가 눈에 들어온다. 하나는 에세이가 (특히 영국과 프랑스에서) 어째서 널리 퍼져 그 후 서구 사회에 수필가라는 '개인'의 무리를 낳았는가 하는 문제이고, 다른 하나는 수상隨想에서 소논문까지를 모두 포괄하는 '에세이'라는 이념이 어떤 사고방식을 의미했었는가 하는 문제이다.

첫 번째 문제에 관해 피에르 글루드Pierre Glaudes와 장-프랑소와 루에트Jean-Francois Louette는 공저 『에세이란 무엇인가』(1999년)에서, 대중 독자층의 등장에서 볼 수 있는 '전문성과 공공성을 분리하는 공간'의 출현이 공리적 지혜와 억견臆見(doxa)의 틈바구니에서 사고하는 정신을 필요로 했기 때문이라고 지적한다.

그러한 시대의 증언을 철학자의 서적 중에서 찾자면, 흄이 쓴 『에세이를 쓴다고 하는 것"Of Essay Writing", in: The Essays Moral, Political and Literary of David Hume, 1741~42』이라는 제목의 에세이가 있다. 흄은 여기서 먼저 정신적인 일에 종사하는 사람을 '학식이 있는 사람'과 '말하길 좋아하는 사람'으로 나누고, 전자에게 필요한 것은 '여유와 고독' 및 '장기간에 걸친 준비와 혹독한 노고'라고 하며, 후자에게 필요한 것은 '유쾌한 취미와 지성의 품위 있는 사용' 및 '동포와의 사교와 대화'라고 했다. 그리고 이 둘이 분리되어 있는 것이 '현대의 커다란 결함'이고, 이것이 지식 세계에도 사회 세계에도 나쁜 영향을 끼쳤음에 틀림없다고 말한다. 즉 사교계의 대화는 역사와 정치와 시와 철학은 화제로 삼지 않고 가십과 이도 저도 아닌 이야기만 시종일관 하고, 반면 학문은 학교와 연구실에 틀어박혀 세상과 단절됐으며 철학자는 은둔자나 세상을 버린 사람이 돼버렸다는 것이다. 이러한 분리를 해소해야만 한다. 그래서 자신이 학문의 나라에서 대화의 나라에 파견된 공사公使의 역할을 자처해서 하겠으며, 이 두 나라 사이에 좋은 교통 관계가 형성되도록 노력하겠다고 했다. 그리고 문인과 속세인 사이에 다리를 놓으려고 했던 흄이 최선의 방법으로 채용했던 것이 '에세이 쓰기'였다. 여기서 '에세이'라고 부른 것은 필시 오늘날의 에세이에 비교적 가까운 것이었으리라고 생각되지만, 동시에 흄 자신이 쓴 철학서도 '에세이'라고 부른 것으로 미루어 '에세이'는 역시 본격적인 소논문이라는 의미도 갖고 있었을 것으로 판단된다.

에세이라는 글의 형식에 관해서는 지금까지 여러 번 살펴본 바와 같이 아도르노가 산문에 의한 비평적 단편이라는 이 형식 속에 반방법주의와 반체계의 에센스를 담아 독자적인 에세이론을 전개했다. 에세이는 문학사에서 곧잘 방법 의식이 희박한 글이라며 멸시를 받아왔지만, 에세이에는 미지의 사고 지평을 개척하는 '시도'라는 의미가 있다. 이 의미로서의 '시도'에는 앞서 언급한 철학의 여러 논고—이것들이 꼭 반방법주의적 논고인 것은 아니다. 다만 거기에서는 탐구 규칙을 만드는 것이 중요한 의미를 지녔을 뿐, 기성의 그것을 지키는 것이 제일 중요한 목표였던 것은 아니다. 그런 의미에서 역시 저자는 '시도'라고 이름 붙였던 것이다—와 함께, 또 다른 계보 하나가 더 있다고 아도르노는 말한다. 그것은 산문에 의한 비평적 단편이라는 의미로서의 에세이이고, 몽테뉴와 파스칼에서 레오파르디Giacomo Leopardi와 에머슨Ralph Waldo Emerson을 거쳐 니체와 지멜 Georg Simmel, 벤야민Walter Benjamin으로 이어지는 선이며, 때로는 구태여 단편적인 사고 형식에 집착하는 비판적 사고의 운동이다. 이 최후의 시도는 반체계적이며 반방법주의적인 '비방법의 방법'으로서 사안의 세부를 그 주름과 살결의 미세한 감촉 그대로 포착하려고 했다. 아

사이 겐지로浅井健二郎의 해석에 따르면 이 시도는 "학문
(과학)의 '보편적 체계' 지향의 경직을 그 유혹으로부터
끊임없이 몸을 피하면서 비웃는다. 그리고 대상의 본
질의 발견을 촉구하는 세부와 또 거기에 잉태되어 있는
보다 깊은 문제 관련의 발견을 촉구하는 세부에 감응하
고 대상 세계의 양상과 그 단면facet을 하나하나의 단어
로 새겨나가는'(『벤야민 컬렉션2 에세이의 사상ベンヤミン·コレクション2
エッセイの思想』해설) 것이라고 한다.

그리고 이것이 그대로 두 번째 문제에 대한 답이 된다.

한 번 더 아도르노의 글귀를 인용하자면 '방법의 무조
건적 올바름에 대한 회의는 사고 자체의 진행에 있어서
는 거의 에세이에 의해서만 실지로 옮겨졌다'고 한다.
실제로 에세이는 어떤 화제로부터 자연스럽게 이야기
를 꺼내는데, '모든 것을 끝까지 이야기한 다음이 아니
라 적당하다고 느껴질 때 이야기를 꺼내는' 냉정한 유
연성을 갖고 있으며, 근원에서 자신을 재구축하기도 하
고, 종국을 향해 고리를 닫으려고 하지 않는다. 하나의
이념으로 모든 것을 다 감싸려고 하거나 모든 것을 꿰

뚫으려고 하는 자만에 좌우간 민감하다. 아도르노는 말한다. 에세이란 형태로 '파편으로 생각하는 것은 현실 자체가 분열되어 있기 때문으로, 터진 부분을 꿰매 수선함으로써가 아니라 이를 돌파함으로써 자신의 통일을 발견한다.' 그리고 언어를 자아낼 때 방해가 되는 것은 관료처럼 자신이 사용하는 개념에만 구애하는 논증주의적 사고이고, 그 '모든 것을 망라하기에 급급한 쪼잔한 방법'이다. 이와 달리 에세이는 '정의定義에 집착하는 방식 이상으로 (……) 정신적 경험 과정에서의 개념 상호의 교호 작용을 촉진한다. (……) 사색도 한 가지 방식으로만 하지 않고, 제반 요소가 여러 개의 실로 짜인 융단처럼 서로 교차한다. 사고의 결실이 얼마나 풍성할지는 이 교차의 밀도에 달려 있다'고 했다.

현실 속의 무언가 불명확한 한 점에서 다른 한 점까지 역선力線을 긋는다. 그어진 그 생각지도 못했던 역선이 현실의 균열이나 기복을 그때까지와는 다른 양상으로 그려낸다……. 이것이 철학의 탐구라면 에세이는 이들 역선을 한번 소묘해보는 작업이다. 그러므로 에세이에는 요동과 일탈과 전복, 즉흥과 딴청, 갑작스러운 멈춤과 같은 정처 없는 스타일이 으레 따르기 마련이다. 하지만 이것은 현실을 복잡한 그대로 파악하는 것, 즉 '학교'스럽다고 할 법한 번지르르한 논리, 안이한 단정과 단순화에 저항하기 때문이다. 에세이는 무엇보다 체계에 대한 욕망과 전체성의 유혹에 저항한다. 따라서 여러 개의 논리의 대립, 단편적인 사고, 집요한 음미와 회의, 수렵을 연상케 하는 실험, 그리고 최후에 아는 것의 관능을 사랑한다.

마찬가지로 『에세이란 무엇인가』의 저자들이 에세이의 에센스라고 했던 '기민하게 일상적으로 공공적으로 늘 현상에 있는……' 정신, 이것은 거의 지혜의 윤리학이라고 할 수 있지 않을까? 수필과 소논문에서 비평적 단편까지를 모두 포함하는 에세이(시도)의 정신이야말로 지금 철학이 회복하지 않으면 안 되는 시선이며 숨결이라고 생각한다. 에세이를 쓸 때는 이를 자아내는 문체에도 예민하게 주의를 기울이는 것이 중요하다.

문체의 문제

 에세이를 쓸 때 중요한 것은 익숙한 것을 마치 처음 보는 것처럼 보는 것, 바로 '뷰쟈데'의 눈을 갖추는 것이다. 그리고 그 눈에는 그에 적합한 문체가 있을 것이다. 더 자세하게 말하자면 현상이 문체를 정하려고 할 것이다. 시나 소설과 마찬가지로 스타일을 취함으로써 비로소 가질 수 있는 시선, 어떤 한 스타일로만 접근할 수 있는 세계의 비밀이라는 것이 있지 않을까? 그렇다. 때로는 문법을 파괴하지 않고선 표현할 수 없는 것이 있다.

 철학은 글의 양식과 글의 살결에 더 신경 써야 한다. 우선은 문체에. 어떤 문체를 사고의 신경으로 삼았을 때 비로소 보이게 되는 세계가 있다. 바꾸어 말하자면 세상에는 거의 장인의 수준이라고 할 수 있는 어떤 표현 스타일에 의해서만 접근할 수 있는 위상이 있다. 이러한 스타일 의식이 사라지면 언어는 늘어진다. 역설적이게도 정밀한 기술 언어를 사용하면 대개 서술의 흐름에 틈이 생긴다. 동업자에게는 일일이 설명할 필요도 없다는 생각이 작용하기 때문이다.

극히 드물게 새롭게 조어하는 것을 피하지 않는 경우가 있다. 일본의 철학적 표현에는 확실히 불필요하다는 생각이 들 정도로 신조어가 일시적으로 범람했었는데, 그것은 사상을 정확하게 번안해야 한다는 정신이 일본의 전통적 사고에 물들지 않은 새로운 단어를 원했기 때문이었을 것이다. 하지만 이로 인해 철학적 사고가 2층에 있는 것이 됐다는 사실을 잊어서는 안 된다(90쪽 이하 참조). 애당초 신조어라는 것은 시나 철학이 통상의 문법이나 화법에 억지를 부리거나 혹은 비틀어서라도 표현하지 않으면 안 되는 것을 만났을 때 만들어진다. 그런 의미에서는 그러한 난해한 표현 속에서 사고의 극한의 긴장이 나타나는 경우가 종종 있다. 하지만 그러한 긴장 없이 '정확함'이라는 규범을 부적으로 삼아 글자 하나하나의 뜻을 충실하게 번역하는 것은 오히려 사고를 쓸데없이 난해하게만 만들고 끝난다.

철학의 문체는 어째서 '딱딱'해져 버린 것일까? 어째서 자잘한 사항에까지 간섭하는 법률 용어와 같은 문체 혹은 문헌학적인 문체로밖에는 쓸 수 없게 된 것일까? 이는 사실 딱히 일본인 철학자만의 문제가 아니라 서구 철학사 자체가 그러한 사정을 안고 있었다고 가쿠 아키토시加来彰俊는 「19세기의 철학사가十九世紀の哲学史家」(다나카 미치타로 편 『강좌·철학 대계講座·哲学大系』 제2권 『철학의 역사哲学の歴史』 수록, 1963년)에서 지적했다. 가쿠는 헤겔 이후의 독일어권 철학사가 에르트만Johann Eduard Erdmann, 피셔Kuno Fischer, 슈베글러Friedrich Karl Albert Schwegler, 첼러Eduard Zeller 등을 예로 들며 그들의 철학사 연구 방법이 순수한 역사학과로서의 문헌학적 방법과 철학의 역사 자체에 대한 철학적 해석 사이에서 계속 흔들린 끝에 결국 문헌학적 방법이 철학사 연구의 주류가 되어가는 과정을 소상하게 논했다. 하지만 이것이 철학의 분업화와 전문화를 초래했고, 나아가 철학사의 서술이 "학설이 시대순 및 국적별로 나열되었을 뿐인 '화랑'이 되는 경향"을 갖게 된 것을 쓸쓸하게 회고하면서 "철학사가 올바르게 '철학의 오르가논organon(지식을 얻기 위한 방법, 수단, 연구법. 철학이나 과학에 있어서 방법론적 원칙-역자 주)'이 되고 '철학의 불가결한 성분'

이 되어야 한다면 철학사 연구는 단순한 순수 역사적 연구에 머무를 수 없을 것이다"라고 결론 내렸다. 물음은 여전히 종결되지 않은 상태 그대로이다.

에세이를 쓰는 '시도'는 그러한 서술 스타일을 발견하는 것, 나아가서는 새로운 눈을 갖는 것으로도 연결된다. 생각한다고 하는 것은 언어가 사고를 자아내는 것이기 때문이다.

3. 대화로서의 철학——철학의 임상(2)

'반성'에서 '대화'로——철학 카페 모임

잘 보기 위해서는 많은 눈을 가질 필요가 있다. 다른 시선과 부딪치는 가운데 복수의 눈으로 대상을 볼 수 있게 되는 것, 그럼으로써 시선을 입체화하고 넓히는 것이 중요하다. 한나 아렌트Hannah Arendt는 『인간의 조건The Human Condition』(1958년)에서 공공적인 것의 성립 요건으로 바로 '입장의 다양성', '시점의 다양성', 즉 '복수성'을 꼽았다. 그러한 복수성의 장을 시민 사이에 열기 위한 시도 중 하나로 '철학 카페'가 있다.

'철학 카페'뿐 아니라 오늘날 시중에서는 '카페'라는 모임이 왕성하게 개최되고 있다. '카페'는 찻집을 말하는 것이 아니다. '사이언스 카페'나 '아트 카페' 등 소수의 사람이 행하는 대화 집회를 의미한다. 시민이 삼삼오오 모여서 각자의 사회적 지위를 내려놓고 세상사에 대해 자유롭게 논의하고, 그 논의를 활성화시키는, 저널리즘의 원형이라고도 할 수 있는 것을 낳은 영국의 커피 하우스를 기념해 그렇게 명명했다고 한다. 사실 나도 근래 15년간 시행착오를 반복하며 '철학 카페' 모임을 동네 집회소 혹은 사찰의 방 하나를 빌려서, 때로는 실제로 찻집에서도 개최하고 있다. 이와 병행하여 오사카大阪대학 임상철학연구실 동료와 대학원생도 이 시도를 조금씩 전국으로 확산시키고 있어, 정확하게 세

어본 적은 없지만 임상철학연구실 관계자가 개최한 모임 횟수만도 이미 500회가 넘는다(와시다 기요카즈 감수·카페 필로 편 『철학 카페 만드는 법哲学カフェのつくりかた』의 권말 자료 참조, 2014년). 그리고 현재도 수십의 철학 카페가 아키타秋田에서 가고시마鹿児島까지 전국적으로 개최되고 있다.

철학 카페라는 활동 모임을 하는 의미와 그 실제에 대해 말하기에 앞서, 그것이 어디서 어떻게 시작됐는지에 대해 먼저 말하고 싶다.

철학 카페 운동의 발상지는 파리의 카페 데 빠흐cafe des phares이다. 마르크 소테Marc Sautet라는 철학자가 '카페 필로'라는 이름으로 최초로 개최했다. 1992년의 일이다. '카페 필로'의 필로는 말할 것도 없이 필로소피의 줄임말이다. 카페 데 빠흐에 시민이 삼삼오오 모여서 딱히 신분을 밝히지도 않고 서로 퍼스트 네임으로 부르며 철학 토론을 했다. 주제는 죽음, 폭력, 사랑의 잔혹함, 핵 실험 등 그야말로 다양했다. 소테가 참가자의 의견을 모아 그 자리에서 결정했다. 거의 철학적 즉흥 연주 같은 분위기였다고 한다. 이 모임은 그 후 프랑스 전역으로 퍼졌고 백여 개의 카페로 번지면서 일종의 사회 현상으로까지 됐다. '카페 필로'의 주최자 소테는 별도로 '철학상담소'도 개설해 『필로Philo』라는 회보도 발행했다.

철학 카페의 선구적인 형태는 1980년대의 독일에 있었다. 1981년에 게르트 아헨바하Gerd B. Achenbach는 쾰른 시 교외에서 '진료소Praxis'를 개설하고 철학자에 의한 카운슬링을 시작했다. 참고로 프락시스Praxis라는 독일어에는 '실천'이라는 뜻과 함께 '의원醫院'이라는 뜻도 있다. 이 철학적 실천=철학 진료소의 시도에 조금씩 공명하는 사람들이 생기면서 다음 해 1982년에는 독일 철학적프락시스협회가 결성됐다. 1970년대 서독 철학계에서 일어났던 '실천 철학의 복권Rehabilitierung der praktischen Philosophie'이라는 과학주의비판운동이 일단락된 후 철학 리허빌리테이션rehabilitation('복권', 비딱하게 해석하자면 철학의 '사회 복귀')의 여파의 하나로서 이 시도가 이루어졌다.

협회는 그 후 1987년에 『아고라agora』라는 학회지를 발행하기 시작했다. '철학적 실천'의 시도는 그 후 네덜

란드에서 파리로, 이스라엘에서 미국, 노르웨이, 남아 프리카로 퍼져나갔다. 1996년에는 잡지『응용 철학 저 널Journal of Applied Philosophy』에서 '철학적 카운슬링' 특집 호까지 편성했다. 그 밖에 '철학적 카운슬링' 국제회의 도 일 년에 한 번 개최하게 됐다. 독일에서 '철학적 실 천'의 시도는 총서의 형태로 출판되고 있는데, 자치체 의 협력을 얻어 거리에서 시민들의 개인 상담을 해주는 것에서부터 기업 컨설턴트와 같은 업무, 나아가 일본식 으로 표현하자면 자기 계발 세미나 및 신흥종교 비슷한 것에 이르기까지 실로 잡다했다. 상호 연계된 하나의 통합된 운동 조직을 형성하고 있었던 것이 아니다. 철 학 문제는 해결에 이르는 여정이 즉시 보이지 않는 것 이 대부분이고, 따라서 기탄없이 논의한 것치고 결론은 막막한 경우가 많다. 그래서였을 것이다. 카페 필로와 철학상담소를 비롯한 이런 움직임은 패스트푸드에 빗 대어 세기말의 간편한 '패스트 필로소피'라든가 냉정한 자기 음미를 하지 않는 듣기 편한 '통속 철학'에 지나지 않는다는 야유를 적잖이 받았다.

하지만 철학 카페는 서구 철학의 전통에 비추어 보면 그다지 새로운 시도로는 생각되지 않는다. 노상 혹은 집회에서 논리의 캐치볼을 반복했을 뿐 스스로는 한 권의 책도 집필하지 않은 소크라테스의 전통을 잇는 로고스(언어, 논리)의 힘을 깊이 신뢰하고 대화를 사교와 교양의 기초로 생각해 중등교육 단계부터 철학교육을 중시해온 사람들이 철학의 재생을 대화라는 형태로 시도한 것은 말하자면 철학의 격세유전이라고 할 수 있다. 그렇게 생각하면 철학이 대학을 비롯한 연구 기관에 독점되고 있는 현대의 상태가 오히려 더 이상하게도 보인다. 소크라테스가 시도했던 것은 타인의 언어를 받아들이고 다시 던져줌으로써 상대가 이치(로고스)를 스스로 발견하도록 돕는 소위 '산파술'이었다. 그런 의미에서 철학 카페는 철학 대화(로고스를 함께 나누는 것)의 복권을, 철학 카운슬링은 개인의 자기 탐구의 논리적 뒷받침이 되는 '산파술'을 재생시키려고 했던 것이 아닐까?

　정신이 내재되어 있는 추상력이 일상적인 표현 자체를 추상적인 표현으로 끌어올리고 그 논리로써 현실을 평가하고 판정하는 것이 철학이라면 철학에는 그러한 일상 언어 자체를 자기비판하는 면이 있다고 할 수 있다. 이때는 평이하게 표현하고자 애써야 하겠으나, 그렇다고 늘어지게 표현하라는 의미는 결코 아니다. 그런 점에서 마르크 소테가 철학 텍스트 독해 작업을 거절하고 있는 것에 대해서는 다음에 이야기하도록 하겠다. 무엇보다 선입견을 배척하는 데에 철학 정신이 있는 것인데, 자기비판의 거울로서의 고전적 텍스트 사용을 금하는 상태에서는, 사람은 피상적인 자기만족, 즉 냉정한 자기 음미를 거치지 않는 얕은 논의에 빠지기 쉽기 때문이다. 뒤에서 언급할 퍼실리테이션Facilitation(회의나 미팅에서 발언 및 참가를 촉진하거나 이야기의 흐름을 정리하고 참가자의 인식 일치 여부를 확인하기 위해 개입하여 합의 형성 및 상호이해를 돕는 것. 그 역할을 하는 사람을 퍼실리테이터라고 한다-역자 주)의 중요함이 여기에 있다. 철학 카페가 기관으로서 자기 검증하는 장은 어디에 있는가 하는 문제가 있다.

철학 카페 운영 방법

철학 카페에는 정해진 형식이 없다. 무엇에 관해 논의할지 참가자가 그 자리에서 정한다. 그리고 주제에 입각해 누군가가 먼저 자신의 경험과 경험에 대한 해석을 말하면 이를 시점으로 장장 2시간에서 5시간에 걸쳐서 이런저런 이야기를 나눈다. 규칙은 지극히 심플하다. 서로 이름만 밝힐 뿐 소속도 거주지도 밝히지 않는다. 남의 이야기를 처음부터 끝까지 잘 듣는다. 타자의 저서나 의견을 인용해가며 장황하게 연설하지 않는다. 이상의 세 가지뿐이다.

철학 카페를 시작했을 무렵의 이런저런 추억이 있는데, 그중 두 가지를 먼저 소개하고 싶다. 내가 오사카 시내에서 처음으로 열었던 철학 카페에서는 함께 논의해 '타인을 이해한다는 것은 어떤 것일까?'로 주제를 정했다. 그리고 처음에 입을 연 사람은 과거에 가정법원 조정위원으로 근무했던 사람이었고 다음과 같이 이야기를 시작했다. 예를 들어 이혼 조정을 할 때 쌍방이 각자 하고 싶은 말을 남김없이 쏟아내고 "더는 손 쓸 방법이 없다!", "이젠 포기하겠다!"며 단념하면 바로 그 순간 비로소 교섭의 길이 열린다고 했다. 소송 과정과 논의 과정이 다 끝나야 비로소 열리는 길이 있다는 것이었다 (제2장의 2에서 언급했던 '납득'에 관한 이야기). 갑자기 이야기가 무거워졌다. 고명한 철학자의 주장을 도도하게 설하는 사람이 보나 마나 나오겠다고 걱정했었는데 그것은 우려였다. 참가자는 그 후 저마다 단어를 골라 상상했던 것 이상으로 간결하게 논의를 펼쳐나갔다.

이는 예외적으로 잘 풀린 사례이다. 다른 한 사례는 대학원생이 처음으로 퍼실리테이터facilitator 역할을 맡았던 카페에서 있었던 일이다. 논의가 최종 단계에 접어든 단계에서 대학원생이 그날의 논의를 정리하려고 했으나 잘 못하고 쩔쩔매고 있었다. 그러자 참가자 중 제일 연장자인 사람이 갑자기 끼어 "무리해서 정리하지 않아도 돼. 손자뻘인 사람들과 만나자마자 오늘 같은 주제에 대해 진솔하게 얘기했던 적은 지금까지 한 번도 없었네. 그것만으로도 재미있었어"라고 했다. 하지만 잘 생각해보면 '자유 사회'라고 말하면서 서로 모르는 남녀노소가 '타인을 이해한다는 것은 어떤 것일까?', '올바름이란 무엇인가?' 등에 대해 진솔하게 논의하는 경험을 거의 하지 않으며 살아왔다는 것 자체가 이상한 일이라고도 할 수 있다.

곧 대학원생은 전문가의 얼굴을 떨쳐냈다. 다양한 입장에서 나오는 발언과 다양한 차원에서 나온 판단을 나누고 연결하는 중개자Mediator의 역할만을 수행했다. 지금까지 배운 철학 지식과 전문적 학술 용어를 모두 봉인하고 그저 퍼실리테이터로서만 그 자리에 있었다. 상대는 인생의 대선배와 도대체 어떻게 표현해야 전달될지 감도 안 오는 고등학생이었고, 고압적인 철학 용어의 사용까지 금지당해 대학원생들은 불안했을 것이다. 진땀을 빼고 있었다. 그러다 마지막에 참가자에게 구원을 받게 된 셈이었다. 어쩌면 잘 될지도 모르겠다……. 줄곧 어정쩡하던 교실의 참가자들이 어설프기는 했지만, 그렇게 확신한 순간이었다.

대학원생들은 그 후 조금씩 카페 규모를 확장해나갔

고, 사찰에서 '그림'을 소재로 아트 카페를 시작하기도 하고, 무모하게도 한창 육아에 정신없는 젊은 엄마들의 카페를 개최하기도 하고, '상처 입히는 케어'라는 도발적인 주제로 간호사들과 카페를 하기도 했다. 명문고등학교와 졸업생의 절반도 대학 진학을 희망하지 않는 공립고등학교에서도 각각 '종합 학습 시간'을 이용해 고등학생을 상대로 철학 카페를 하기도 했다(전자는 10년 넘게 계속하고 있다). '어린이를 위한 철학'이라는 프로젝트를 편성해 국내외에서 실험 중인 사람도 있다. 가족을 먼저 떠나보낸 유족들에게서 카페 '요청'을 받고 위통을 겪은 대학원생도 있다. 그중에는 대학을 떠나 소년원의 교사가 된 사람도 있다. 프리스쿨 운영을 계속하고 있는 사람도 있다. 동일본대지진이 있었던 센다이仙台에서 '지진'을 주제로 30번 넘게 철학 카페를 개최한 학생도 있다. 말하자면 '불청객 카페'다. 사람들이 원하지도 않는데 자진해 '몸 받치러' 간다. 필시 그런 골계 속에 일본 철학의 가능성이 걸려 있을 것이란 생각에 내 마음은 또 조금 고양됐다. 그렇게까지 하지 않으면 일본의 '철학'은 바뀌지 않을 거라고 생각한다.

한 번 더 말하자면 철학 카페에는 전형이나 정형이 없다. 모임이고자 하는 것 외에는 말이다. 철학 카페에 정형된 방식이 없는 것은 '방법'이 먼저 있는 것이 아니기 때문이다. '방법'은 거기에 모인 사람들의 교류 속에서, 그 소용돌이 속에서, 저절로 떠오른다. 그렇다. 그것은 거기서 발생한다. 즉 사건인 것이다. 모인 사람들은 한 명 한 명 다른 장소에서 이 세계와 이 사회를 보고 있다. 그 전체를 부감할 수 있는 사람은 어디에도 없다. 그래서 철학 카페는 말하는 것과 마찬가지로 듣는 것을 중요하게 여긴다. 사안을 또 다른 방식으로 보기 위해, 한 가지 일을 다시점적으로 보기 위해 이 모임이 있는 것이다.

철학 카페는 사안에 대한 동의나 문제 해결이 아니라 물음의 발견과 갱신을 시도한다. 실제로 철학 카페에서 각 참가자는 스스로가 던진 물음을 대화를 나누는 중에 조금씩, 때로는 극적으로 변경한다. 바로 이러한 물음의 변경 과정을 공유하는 점에 철학 카페의 가장 큰 의미가 있다고 해도 좋다.

좀 더 자세히 설명해보겠다.

규칙은 바둑과 비슷해서 최소한이다. 손을 든 후 호명하면 발언한다. (문제 제기를 할 때는) 자신이 체험한 구체적인 사례를 예로 들며 말한다. 다른 참가자의 발언은 끝까지 듣는다. 남의 의견과 문장을 인용하지 않는다……. 이 정도뿐이다. 이름은 말해도 되고 가명이어도 상관없다. 소속과 경력, 거주지와 취향 등에 관해서는 말하지 않는다. 주제는 그 자리에서 협의해 정하기도 하고, 사전에 공지한 후 참가자를 모으기도 한다.

왜 방법을 최소한으로 하는가? 최소한으로 함으로써 논의 방식(바둑이라면 전법)을 무한히 증식시키기 위해서이다. 그럼 왜 논의 방식을 증식시키려고 하는가? 커뮤니케이션 채널을 바꾸고 새로운 커뮤니케이션 회로를 개척하기 위해서이다. 독서 모임에 참가했던 경험을 떠올려보라. 그때까지 잡담을 나누던 참가자 중 한 사람이 "슬슬 시작할까요?"라고 한마디를 하면 그 자리의 공기가 확 바뀌면서 참가자는 너나 할 것 없이 평소와는 다른 정돈된 말투로 말하기 시작한다. 다른 사람의 말을 들으며 자기 생각을 음미하고, 다소 억제된 말 속에 다양한 생각이 담긴다. 마치 미지의 사람과 이야기를 주고받는 것처럼 말이다. 대화의 차원을 이렇게 한 단계 끌어올린 곳에 철학 카페의 대화가 있다.

서로 잘 아는 사람끼리의 대화는 사전에 맥락이 농밀하게 공유된다. 예를 들어 서로의 내력, 직업, 생활 습관, 가치관 등을 잘 알고 있고, 이를 바탕으로 대화를 진행한다. 전제가 많은 대화이다. 고맥락High context 대화이다. 이때는 일일이 자세하게 말하지 않아도 즉시 이해한다. 이런 대화에는 암묵적으로 '말하지 않아도 알지?'라는 동조 압력이 작용한다. 이에 반해 현대 도시 생활처럼 모르는 사람끼리 협력하며 지역 사회를 운영해야 하는 상황에서 요구되는 것은 저마다 다른 각자의 가치관을 유지하면서 타인의 다른 생각과 사고에 귀 기울이고 자신의 생각을 재점검해 나가는 것, 그리고 이를 통해 시야를 넓히면서 저마다 사회 운영에 참가하는 것이다. 사전에 공유하고 있는 것이 적기 때문에 이

경우에는 사람들 간의 정보와 가치관의 교환 및 조정을 꼼꼼하게 할 필요가 있다. 하지만 우리는 지금껏 학교에서도 "쓸데없는 말을 지껄이지 마라!", "논리적으로 말해라!" 등 말하자면 용장률冗長率(의미 전달과 관계없는 불필요한 말이 얼마나 포함되어 있는지를 수치로 나타낸 값-역자 주)을 낮추는 훈련만 받아왔기 때문에 무의식적으로 성급한 결론을 내리려고 한다. 실제로 논쟁 연습을 할 때는 어떻게 하면 자기 생각은 바꾸지 않으면서 사람들 앞에서 상대방의 생각을 박살 낼 수 있을까만을 고심한다. 다른 생각에 접함으로써 자신을 변화시키는 대화와 정반대되는 것이 논쟁이다. 이때 누군가의 발언 내용에 위화감을 느끼거나 혹은 이론異論이 있으면 그 자리의 공기를 깨지 않기 위해 "뭐, 흐음. 그 말씀을 이해하지 못하는 것은 아니지만, 글쎄요. 예를 들어 이런 다른 견해도 있을 수 있지 않을지……"(히라타 오리자平田オリザ『서로 이해하지 못하는 것에서부터わかりあえないことから』에서 인용, 2012년) 하는 식으로 상대의 감정을 상하게 하지 않을 만한 말투로 빙빙 돌려가며 그야말로 간결하지 못하게 살살 대응할 수밖에 없다.

한쪽에는 고맥락 대화와 시퍼렇게 날이 선 논쟁(용장률이 낮은 토의)이 있고, 다른 한쪽에는 유난히 용장률이 높은 대화가 있다. 이러한 두 가지 과잉에는 모두 무언가 공통된 토대를 만든 후에만 본론으로 들어갈 수 있다는 전제가 있다. 이야기를 나눌 토대를 구축하기 위해 불안한 마음으로 의미 전달과는 상관없는 말을 싫어도 할 수밖에 없다. 이러한 전제를 없애고 싶다. 그러기 위해 불안해하지 않고 불쑥 본론으로 들어가도 되는 장을 만드는 것을 철학 카페는 지향한다.

대화의 퍼실리테이션

사람과 사람 사이에는, 남성과 여성 사이에는, 사람과 사람 이외의 생물 사이에는 아무리 열심히 말하고 손짓 발짓을 다 해도 전달되지 않는 것이 있다. 생각지도 못했던 것이 전달되기도 한다. '대화'는 그러한 공통된 토대를 갖지 못한 사람들 사이에서 서로 이해하기 위해 시도된다. 이때 서로 이해할 수 있을 것이라는 전제 하에 대화를 진행하면 결국 서로 이해하지 못하게 됐을 때 '함께 있을 수 있는' 장소가 협소해진다. 하지만 이해 하지 못하는 게 당연하다는 전제하에 대화를 진행하면 '함께 있을 수 있는' 장소가 조금 더 확대된다.

대화는 타인과 같은 생각이나 같은 마음이 되기 위해 시도하는 것이 아니다. 말하면 말할수록 타인과 자신 의 차이를 더욱 세밀하게 알게 되는 것이 대화이다. '서 로 이해할 수 없다', '내 뜻은 전달되지 않을 것이다'라는 당혹과 고통에서 출발한다는 것은 이해할 수 없는 것에 마음을 여는 것을 의미한다. 이로써 사람은 보다 폭넓 은 대화를 나눌 수 있게 된다. 대화 과정에서 자신의 사 고도 단련되게 된다. 깊이깊이 생각하고 이를 바탕으로 말한 타인의 다른 사고와 생각에 귀 기울일 때 자신의 생각을 재점검하게 되기 때문이다.

철학 카페를 시작했던 초기에는 도도하게 연설을 늘 어놓는 사람이 있지는 않을까, 말하다가 흥분해 자신의 말에 취하는 사람이 나오지는 않을까, 부정당하고 힘없이 고개를 푹 숙이는 사람이 나오진 않을까 하는 생각에 불안했었는데, 사전에 앞서 말한 네 가지 규칙을 확실하게 확인한 것만으로 참가자는 다른 사람의 이야기를 들으면서 동시에 다음에 자신이 할 발언을 어떤 단어로 어떻게 간단명료하게 정리할지를 지성을 풀가동하며 찾고 있음을 표정을 통해 알 수 있었다.

대화 모임에서 철학연구자는 논의를 주도하지 않는다. 오로지 퍼실리테이터로서만 존재하며 논의의 흐름은 참가자에게 맡긴다. 논점을 정리하거나 압축하거나 반론을 촉구하거나 다른 논점을 연결하며 대화의 조정에 임한다.

먼저 구체적인 사례를 바탕으로 물음을 제기한다. 갑자기 '~이란 무엇인가?' 하는 고압적인 질문을 제기하는 것은 피하는 것이 좋다. 물음이 갑자기 너무 뜬구름을 잡는 듯하기 때문이다. 물음을 제기하고 해당 물음부터 이야기를 시작해도 될지 참가자에게 묻는다. 이때는 다른 사례를 들어달라고 한다. 이 과정에서 문제로 삼을 사안이 조금씩 분절되게 된다. 그리고 논점을 조금씩 압축해가다 적당한 시점에서 물음을 다시금 재설정한다. 바로 이 물음이 변경되어가는 과정을 공유할 수 있는지 없는지에 대화 모임의 성패가 걸려 있다. 최종적인 해답이나 합의를 목표로 하지 않아도 된다. 어떤 방식으로 물음을 던지면 좋은지, 그리고 문제 설정을 수정하는 방법을 경험하는 데 의미가 있다. 참가자가 서로 다른 '생生'의 감촉을 느끼는 과정에서 각자 자신이 한 문제 설정에 숨은 전제를 깨닫게 된다. 그리고 같은 문제를 다른 각도에서 보며, 보다 부감적으로 재파악하게 된다. 답이 아니라 물음을 갖고 집으로 돌아가는 것이 중요하다.

참고로 숨은 전제를 묻는 발언의 사례를 하나만 들도록 하겠다. 카페 필로가 '자신의 몸은 자기 마음대로 할 수 있는 것인가?'라는 주제로 논의했을 때의 일이다. 병이나 노화 등으로 몸이 마음대로 움직이지 않게 됐을 때나 몸에 의족을 장착한 경우 등, 이야기가 무르익었을 때 아시아 국가에 뿌리를 둔 한 여성이 발언 의사를 밝히고 다음과 같이 말했다. "다들 자신의 몸과 자신의

관계에 대해 말하는데, 제게 몸은 언제나 남에게 보여지는 것이에요. 얼굴과 피부색이 다르다며 사람들이 뚫어져라 쳐다봤는데, 그게 제가 제 몸을 의식하게 된 거의 첫 번째 경험이었어요." 이 발언에는 '몸에 대해 자기 자신과의 관계로만 논하는 것은 어떤 사회적 입장에 있는 사람을 전제로 하는가라는 물음'이 포함되어 있다. 그리고 이 발언은 '참가자들이 대화에 더 적극적으로 참여하게 되는 터닝포인트'가 됐다고 카페 필로의 다카하시 아야高橋綾는 보고했다(전게서 『철학 카페 만드는 법』에 수록된 「철학 카페의 희로애락哲学カフェ、喜怒哀楽」 참조).

철학 카페가 일상적인 수다나 대화와 다르다면 어떤 점에서 그럴까? 같은 서적 『철학 카페 만드는 법』에 한창 육아로 바쁜 엄마들와 10년간 철학 카페를 지속해온 마쓰카와 에리松川絵里가 다음과 같이 썼다.

철학 카페에서 중요한 것은 모르는 것을 알기 위한 물음이 아니라 아는 것을 새삼스럽게 묻는 물음이다.

철학 카페의 물음은 엄마들의 고민을 직접 해결해주지는 않지만 그 대신 고민의 기초가 되는 판단과 사고의 틀을 해제해준다.

이런 대화의 장을 열기 위해서는 어떤 부조리한 물음을 제기하더라도 수용할 것, 무릇 답이 없는 물음을 제기하더라도 쳐내지 않을 것, 사람을 불쾌하게 하는 그 어떤 발언을 하더라도 혹은 잘 표현하지 못하고 웅얼거리기만 해도 반드시 응답이 있는 것이 중요하다. 논의에 응수하기보다 먼저 다른 사람의 말에 귀 기울이고, 목소리가 작거나 기어들어가는 사람, 어느 타이밍에 말해야 할지 몰라 당황하는 사람에게도 적절하게 발언 기회를 주며, 그리고 누군가에게 끌려다니지 않고 대화 과정에서 문제의 소재를 찾아내야 한다. 그러기 위해서는 참가자가 서로를 부르는 호칭과 좌석 레이아웃, 퍼실리테이터의 말투(단어의 감촉) 등에도 여러 가지 궁리가 필요하다. 세간에서는 쓸데없는 말은 하지 말라는 둥 정확하게 논리를 세워 말하라는 둥, 말하자면 '용장률'

이 낮은 토론만을 요구하지만, 철학 카페에서는 반대로 언어의 질감texture을 제거하지 않는다. 언어의 질감까지 모두 수용하고 이를 바탕으로 의미text를 논의한다. 그래서 각자가 저마다 자신을 더 부감적으로 볼 수 있게 되는 것을 목표로 한다.

따라서 논의가 종반에 접어들어 어떤 생각으로 수렴되려고 할 때 "이거, 누가 처음에 말했더라?"라며 문득 너나 할 것 없이 중얼거리면 모임은 성공했다고 할 수 있다. 혹은 모임을 거듭할수록 토론 참가자가 논의의 흐름을 살피며 발언하게 ―'분위기를 살핀다'기보다 말해야 할 때 말하게― 되면, 바꾸어 말해 전체의 흐름을 살피는 퍼실리테이터의 역할을 참가자가 동시에 하게 되면 대화의 수준이 한 단계 올라갔다고 할 수 있다.

누구의 발언도 놓치지 않고, 더구나 전체를 퍼실리테이트facilitate하는 것은 꽤 어려운 일이다. 배짱도 필요하다. 철학 지식을 봉인한 채 맨손으로 문제에 부딪쳐야 하기 때문이다. 퍼실리테이터가 철학연구자일 필요는 없지만 철학자의 다양한 문제 설정과 논의에 어느 정도 정통하고 있다면 예상 밖의 물음이 제기되더라도 허를 찔려 당황하는 일이 적을 것이다. 어떤 문제에 관한 사고 패턴을 다양하게 알고 있으면 논의 중에 지금 문제가 어떤 위상과 어떤 위치에 와 있는지를 대략적으로 확정할 수 있고, 또 여태까지의 논의에서는 나오지 않은 논점도 의식하며 퍼실리테이트 할 수 있다. "예를 들어 이런 물음을 제기해본다면 어떨까요?" 하는 식으로 새로운 전개의 계기를 제공하는 것이다. 또 경청하며 퍼실리테이트하는 것은 꽤 어려운 일이므로 누군가 한 명, 토론에 참가하지 않으면서 전체의 진행을 봐주는 사람이 있으면 도움이 된다. 퍼실리테이터와 서기, 즉 카페의 소용돌이 안에 있는 사람과 이것을 밖에서 지켜보는 사람이 도중에 진행 방법에 대해 의견 교환하는 등의 '협동'을 해도 좋다.

반복해 말하지만 철학 카페에서는 무리하게 합의를 도출하려고 하지 않아도 된다. 그보다는 문제 소재를 탐색하며 물음을 변경해가는 과정 자체를 공유하는 것, 즉 같은 시대를 사는 사람끼리 도시의 틈바구니에 열린

통풍구 같은 장소에서 문제를 공유하고 있다는 감각을 느끼는 것에 큰 의미가 있다. 한나 아렌트는 공공적인 세계의 성립에는 '복수성', 즉 시민 각자의 '포지션 차이'와 그로 인해 발생하는 '시점의 다양성'이 보장되는 것, 그러면서 또한 '대상의 동일성'이 유지되는 것—우리가 말하는 문제의 공유—이 반드시 필요하다고 했다. 이 두 가지가 민주주의의 기본이라면 철학 카페는 민주주의 수업이기도 한 셈이 된다.

철학 카페의 난점

'어떤 공통 사안에 관해 공공적으로'라는 말은 저마다의 입각점이나 이해를 넘어 대화하는 방법을 훈련하는 장으로서 철학 카페가 존재한다는 의미이다. 이처럼 평소에는 교류가 없는 사람들의 만남이란 의미에서 직업과 연령과 관심이 비슷한 사람들의 모임이 되지 않도록 참가자를 모집할 때 신경 써야 한다. 단, 젊은 사람중에는 나이 많은 사람은 자신들과 느끼는 방식 자체가 다르다고 처음부터 단정 짓는 사람도 있어서 동세대로 모집하는 편이 같은 시대를 살고 있는데 이런 식으로 느끼고 생각하는 사람도 있구나 하는 발견을 하기 쉬울 수도 있으므로 일률적으로 말할 수는 없다. 사례별로 그에 적합한 방법을 생각할 필요가 있다. 좌우간 철학 카페는 평소 화법과는 다른 이야기 채널이고 논의하는 장이므로 처음에는 어색해도 어쩔 수 없다. 처음에는 천천히 한 걸음 한 걸음 갈 수밖에 없다. 우쿨렐레를 연주하는 미술가 다테 노부아키伊達伸明가 어느 공연 전단지(2010년)에 다음과 같이 쓴 것처럼 말이다.

목표달성욕이 강한 사람은 천천히를 용납하지 못한다. (⋯⋯) 리드하는 것을 좋아하는 사람은 천천히를 용납하지 못한다. (⋯⋯) 결론이 나지 않으면 직성이 풀리지 않는 사람은 천천히를 용납하지 못한다. (⋯⋯) 정리되지 않은 과거와 어둠 속의 미래 사이에 점으로밖에 그릴 수 없는 것이 현재이다. 그러한 점을 그리는 모습, 한 걸음 한 걸음.

이렇게 한 걸음 한 걸음 진행하는 데도 어려운 점이 여러 가지 있다. 먼저 논의에 참여하지 못하는 사람이 있을 때는 어떻게 해야 하는가 하는 점이다. 논의에 잘 참가하지 못하는 사람, 애당초 모임 공간에 참여하지 못하는 사람은 "난 참여하지 못하겠어!"라는 말조차 못하는 사람이고, 그런 사람들에게 어떻게 참여를 권유할 것인지는 모두가 고민하는 부분이다. 한편 똑같은 멤버로 반복하다 보면 탐구 동호회나 연구회처럼 돼버린다. 일일이 말하지 않아도 되는 이해 사항이 늘어 고맥락 집단이 되어버린다. 철학 카페 운영 방법을 둘러싸고는 지금도 시행착오를 겪고 있어서, 하여튼 직접 하면서 계속 생각해나가지 않으면 안 된다고밖에는 할 말이 없다.

또 철학 카페에는 그것이 안고 있는 것보다 더 원리적인 문제점이 있다. 철학 카페에서는 논의의 흐름은 참가자에게 맡기고 철학연구자는 퍼실리테이터의 역할만 수행한다고 앞서 말했다. 모임에서 퍼실리테이터 역할을 맡는 철학연구자는 철학 이론과 철학사 연구라는 자신이 키워온 전문성을 일단 배제(억압?)한다. 철학연구자와 '현장'과의 관계는 전문가와 클라이언트(고객, 즉 서비스 수익자)의 관계가 아니기 때문이다. 특히 마치 암호 같은 철학 전문 용어로 말하는 것은 반드시 피해야 한다. 진료실에서 나누는 의료 스태프 간의 대화처럼 "당신은 모르는 게 나아!"라는 암묵적인 메시지를 환자에게 보내는 셈이 되기 때문이다. 하지만 스스로 전문성을 배제함으로써 정말로 문제 해결을 향해 나아가려는 용기 혹은 책임을 피하려는 것은 아닐까, 충분히 이야기를 나눴다는 자기만족으로 끝나 버리진 않을까 하는 문제도 있다. 하지만 논의에 개입하기 시작하면 이번에는 '유도'가 되어버린다. 이때는 은근히 철학을 연구해온 자가 진리에 보다 가까운 곳에 있다는 오만이 슬쩍슬쩍 그 모습을 드러낸다. 어려운 문제이다.

철학 카페와 가마가사키

얼마 전에 오랜만에 오사카 가마가사키釜ヶ崎를 방문

했는데, 그곳 노동자들의 커뮤니케이션 형태가 철학 카페의 그것과 많이 닮았다는 사실을 발견하고 전에 없이 마음이 흥분됐다.

다들 저마다 남에게 말할 수 없는 복잡한 사정을 갖고 있는 이 거리에는 '과거에 관해 묻지 않는다'는 무언의 규칙이 있다. 여기서는 경력과 본명을 밝히지 않아도 주민표가 없어도, 일을 구할 수 있고 생활할 수도 있다. 신변에 깊이 관여하지 않고 뒤쫓지도 않는다. 아무런 연고 없는 사람들이 그래도 그 '무연고'를 유일한 인연으로 삼아 술잔을 주고받으며 최소한의 연결고리를 유지하고 있다. 철학 카페의 규칙도 이와 같다. 이름(가명이어도 상관없음)을 밝힐 뿐으로 태생도, 소속도, 경력도, 거주지도 그리고 가족에 관해서도 일절 묻지 않는다. 주고받는 말만이 서로를 연결해주는 이 모임과 가마가사키의 생활 방식은 생각보다 훨씬 비슷한 구석이 많다.

가마가사키 고령 노동자의 지원을 하고 있는 한 대학원생의 논문에서 흥미로운 기술을 발견했다. 일용직을 하며 알게 된 두 사람은 최근 약 10년간 매주 2회 시간을 정해서 장기를 두고 있다. 장기와 관련되는 것 외에는 주고받는 이야기가 없으며 식사도 같이한 적이 없다. 만나면 장기를 두거나 자판기 앞에서 시시껄렁한 이야기를 할 뿐이다. 한쪽이 입원해서 중단될 때도 있지만, 방의 조명을 밝히면 다시 재개된다. 그리고 생활보호수급자와 일용직 노동자로 서로 간에 '격차'가 생겼으나 장기판 위에서는 어디까지나 대등한 관계이므로 지금도 계속 장기를 두고 있다고 한다.

'노동 시장' 혹은 '아이린 지구ぁいりん地区'로 불리는 이 일용직 노동자 거리는 장기화된 불황으로 노동 환경이 혹독해진 상황인데, 지금 주민의 고령화가 심각한 문제까지 야기하고 있다. 아이린 지구는 현재 65세 이상 고령자가 40%가 넘고, 생활보호수급자도 대략 40%에 이른다. 생활보호를 받게 되면 그들은 반대로 아무런 연고도 없는 사람끼리라는 간당간당한 인연까지 잘라버리고 방에 틀어박혀 고립한다. 집으로 쳐들어와 염치없이 돈을 요구하는 사람이 귀찮아 다시 노숙 생활로 돌아가는 사람도 있다고 한다. 그런 사람을 지원하고자

가마가사키에서도 몇 년 전부터 철학 카페를 개최하고 있다. 주최자에 따르면 첫 회 주제는 '행복'이었다고 한다. 그날 참가자 중 한 사람이 이렇게 입을 열었다. "행복해지고 싶다고 생각해본 적 없어요." 자신의 과거를 드러내는 이 같은 말투로 마치 장기를 두다 투덜거리는 것처럼 말하는 것도 틀림없이 가마가사키에서 말하는 방식이 평소와는 다른 수준에서의 대화를 시도하는 철학 카페와 그 바탕이 같기 때문임에 틀림없다.

철학 카페라는 모임은 사람들이 타자 앞에서 듣고 말함으로써 평소 자신의 사고 회로와는 다른 회로로 들어가기 위한 모임이다. 과거 일본의 다실에는 칼을 내려놓고 무릎을 꿇고 기어들어가야 하는 아주 작은 출입구밖에는 없었다. 여기에도 무사와 승려, 상인 등 신분과 소속을 해제시키려는 의미가 담겨 있다. '시민'이 된다는 것도 그런 것이 아닐까? '시민'이란 주민도 노동자도 국민도 아니다. 학연과 지연과 굴레와 제도를 뛰어넘은 차원에 자신의 위치를 재설정하고 사안에 입각하여 논의하는 것, 자신에게 지금 보이고 있는 세계를 타자가 지금 있는 곳에서 보이는 세계와 조합하고 이들을 조율하는 과정에서 (사토 다쿠미佐藤卓己의 탁월한 표현을 빌리자면) '공론public-opinion'으로서의 '여론'을 형성하는 통로를 발견하는 것이다. 이것은 '여론'이라고 말하지만 실은 '민중 감정popular sentiments'을 그대로 옮기거나 증폭시키는 것에 불과한 보도 미디어에 휩쓸리지 않는 시각을 갖는 것이라고 하겠다. 이를 위해 서로 모르는 사람끼리 모르는 상태 그대로 함께 직면하고 있는 문제에 대해 공공적인 논의를 나누는 화법을 익히는 장으로서 철학 카페는 존재한다.

철학을 사용하는 것 · 사용되는 것

철학 카페의 퍼실리테이터가 됨으로써 스스로 시민들의 커뮤니케이션 미디어가 되려고 한다. 임상 철학은 이처럼 사람들에게 사용되기를 선택한다. 철학 그리고 철학연구자는 도구로써 사용되는 것이 아니다. 사용된다는 것은 스스로 '그릇'이 되는 것을 의미한다.

'사람을 쓰다'·'사람에게 쓰이다' 하는 고용·피고용의 관계는 특별한 은혜나 공감을 느끼지 않는 한 피하고 싶기 마련이다. 자신의 존재가 무언가 수단으로 쓰이고 있다거나 혹은 자유를 억압당하고 있다는 느낌을 지울 수 없다. 실제로 예를 들어 견습생이나 문하생으로 혹사만 당하는데도 참을 수 있는 것은 언젠가 독립해 자기 가게를 열기 위한 수업이라고 굳게 믿기 때문이다. 하지만 '사람을 쓴다'는 것에는 무언가 더 중요한 의미가 있지 않을까……? 후반생을 한센병 환자의 치료에 바친 가미야 미에코神谷美恵子에 관한 한 문장을 읽고 그렇게 생각했다.

와카마쓰 에이스케若松英輔의 『영혼에 닿다魂にふれる』에 따르면 한센병 환자 시설 아이세이엔愛生園(오카야마 현岡山県에 위치)에 정신과 의사로 부임한 가미야는 진료하는 한편 면담과 서면 조사를 바탕으로 논문을 썼다고 한다. 하지만 연구를 진행하는 사이에 이런 리서치가 아니라 오히려 거기에서 누락되는 것, 즉 "자료에는 기록되는 않는 그녀가 실제로 보고 접한 '나병 환자'의 목소리에 언어의 육체를 부여하는 것"이야말로 자신에게 부과된 과제라고 생각하게 됐다. 그리고 지금까지의 작성법을 거부했다. 명저 『삶의 보람에 대하여生きがいについて』가 탄생되기 조금 전의 일이다. 이후 가미야의 문장은 '필자의 당초의 의도를 넘어서는 곳에서' 쓰이게 됐다고 와카마쓰는 말한다. 지원자로서 또는 시중드는 사람으로서 서포트하는 것이 아니라 오히려 그 사람을 만나고 교제하고 그 사람을 대신해 우물거리는 그 목소리를 글로 썼다. 이를 두고 와카마쓰는 '그녀를 북돋운 감정은 사용되는 데서 생겨났다'고 표현한다. "그녀가 '나병 환자'를 이용한 것이 아니라 이용된 사람은 오히려 그녀였다"라고.

가미야가 쓴 「나의 사람에게らいの人に」라는 제목의 시가 있다. 시에서 가미야는 이렇게 읊었다.

왜 우리가 아니라 당신이?
당신이 대신해준 거야.

대신하여 사람으로서 모든 것을 빼앗기고

지옥의 모진 시련에 아파해준 거야.

그래서 가미야 자신도 마찬가지로 대신하여 '나병 환자'의 '웅얼거리는' 목소리를 쓴 것이다.

학문은 무언가를 섬기는 것이 아니다. '섬기다(이용되다)'는 것은 누군가 상위자의 의향에 맞추어 일하는 것이다. '용서해 주다|許して遣わす'라고 할 때의 '주다遣わす(つかわす, 쓰카와스)'도 "주인의 뜻대로 시종에게 일을 시킨다는 의미의 동사 '使ふ(つかふ, 쓰카후. 일본 고어 표현-편집자 주)'의 미연형 'つかは(쓰카하)'에 옛 존경 조동사 'す(스)'를 붙인 형태"(『고전 기초어 사전古典基礎語辞典』)라고 한다. 여기에는 확실히 내 뜻대로 하는 자유는 없다. 그러나 자신의 존재가 '이용된다'고 하는 것은 그러한 종속만을 의미하지 않는다. 몸을 받치는 것, 그렇다, 스스로 '그릇'으로서 사용되는 것을 가미야는 연구자의 숙원으로 생각했다.

'그릇'으로서 누군가에게 쓰이는 것에 대해 아티스트 고야마다 도루小山田徹는 스킬이라는 단어와 함께 이

렇게 설명했다. "스킬이라는 것은 타자의 공간에서 발휘되지 않으면 사실 의미가 없지 않을까?" 바꾸어 말해 '아티스트가 아티스트의 분야에서 무언가를 하는 것은 기본적으로 당연한 것'으로 '다른 언어로 번역돼 활용되는 것'이야말로 스킬이라고 할 수 있으며 '다른 분야에 가서 아트로 길러온 무언가를 거기에 번역하고 무언가를 만들어낼 수 있을' 때 비로소 아트가 될 수 있는 것이 아닐까? 아티스트란 말하자면 '타자의 공간에 갈 수 있는 여권을 갖고 있는 사람'이라는 것이다(오나가와 커뮤니티 카페 프로젝트 '대화 공방対話工房'의 2011년 9월 18일자 인터뷰 「만질 수 있는 미래触れられる未来」에서 인용).

이는 그대로 철학에 대해서도 할 수 있는 말이다. 철학이 만약 스킬로서 이용되는 것이라면 이는 무언가 철학 이론과 그 역사에 관한 전문적인 지식을 갖고 있기 때문이 아니다. 그러한 특정한 훈련을 받은 전문가이기 때문이 아니라 현실의 어떤 복잡한 문제라도 온갖 각도에서 조망해 복잡하게 얽히고설킨 상황을 해제하고 거기에서 문제를 보다 적절한 형태로 재조직하고 나아가 해결에 이르는 전망을 더듬는 기술을 갖고 있기 때문이다. 박사라는 학위가 세계에서 지금껏 오래도록 PhD, '철학 박사Doctor of Philosophy'라는 명칭으로 불려왔던 것 또한 그러한 스킬을 인정하는 것이기 때문이다(제2장의 3 참조).

종장
철학이라는 광장

언제 철학이 되는가?

철학만의 특유의 사고 영역이 있는 것이 아니다. 바꾸어 말해 철학만이 전매특허처럼 취급될 수 있는 독자적인 주제가 있는 것이 아니다. 또 철학 사고만의 고유한 방법이 있는 것도 아니다. 게다가 철학 논의에서는 어떤 부조리한 물음도, 어떤 유치한 물음도, 어떤 반인간적이며 반사회적인 물음도 입구에서 거절당하지 않는다. 철학 논의에서는 무슨 말을 해도 압박받거나 공격당하지 않고 안심하고 자신의 의문을 그대로 말할 수 있다. 철학은 본래 이처럼 담장이 낮고 모두에게 열려 있다. 그 사실을 우리는 지금까지 반복해서 그리고 그때마다 조금씩 다른 각도에서 확인했다.

이처럼 철학이란 무언가 닫힌 사고의 특수 영역이 아니라 생각이라는 누구나가 하는 활동의 한 국면에서 철학으로서 생성되는 것이라고 한다면, 문제는 '철학이란 무엇인가?'가 아니라 '사고는 언제 철학이 되는가?'라고 할 수 있다. 이러한 문제 제기 방법을 나는 넬슨 굿맨

Nelson Goodman에게서 배웠다. 굿맨은 예술 문제와 관련해 다음과 같이 썼다.

> '예술이란 무엇인가?'라는 물음에 답하려는 시도가 마치 이미 정해져 있는 규정처럼 욕구 불만과 혼란 속에서 끝난다면 필시 —철학에서는 종종 이런 일이 벌어지는데— 물음이 잘못된 것이다. (……) 진정한 물음은 '어떤 것이 (항구적으로) 예술 작품인가?'가 아니라 '어떤 것이 예술 작품이 되는 것은 어떤 경우인가?'—혹은 더 짧게(……) '언제 예술이 되는가?'이다.
>
> (『세계 제작 방법Ways of Worldmaking』, 1978년)

굿맨은 여기에서 박살 난 자동차 펜더가 오브제로서 화랑에 설치되는 경우라든가 센트럴 파크에서 땅을 팠다가 덮는 퍼포먼스가 아트로 인정되는 경우, 반대로 렘브란트Rembrandt Harmenszoon van Rijn의 그림이 깨진 유리를 막는 덮개로 사용되는 경우 등을 상정하면서 무언가가 '예술 작품'이 되는 조건은 무엇인가에 대해 '예술'이라는 기호의 기능 관점에서 묻는데, '생각'이라는 우리의 일상적인 행위에 대해서도 이와 같은 물음을 던질 수 있다. '생각'은, 상식과 이데올로기란 틀을 그것이라고 깨닫지 못한 채 모방하거나 그 '올바름'을 재확인할 뿐인 것인지도 모르고, 현재의 곤경을 타개하기 위해 교활한 꾀라는 논리를 짜내는 것인지도 모르고, 지금까지 당연한 것으로 여겨져 온 것을 마치 밥상을 뒤집어엎듯 모든 것에 회의를 품는 것인지도 모르고, 대립하는 의견을 어떻게 타협시킬지 궁리하는 것인지도 모른다. 그중에 사고가 '철학'이 되는 것은 언제일까? 이런 물음을 던질 수 있도록 굿맨은 촉구한다.

철학의 개방 혹은 '사고의 강도'

그런데 내가 오사카대학에서 동료 나가오카 나리후미中岡成文와 함께 학회만큼은 만들지 말자며 '임상철학연구회'란 이름으로 대학 밖의 사람들과 더불어 '임상철학' 프로젝트를 시작한 지 13년 후 우리보다 거의 1

세대 젊은 철학연구자들이 2008년에 '응용철학회'를 설립했다. 발기인 중 한 사람인 과학 철학의 도다야마 가즈히사戸田山和久가 그들의 응용철학선언이라고 할 법한 『이것이 응용 철학이다!これが応用哲学だ!』(2012년)에서 우리의 그러한 생각을 조금 다른 언어로 토로했다. 그 또한 철학에는 독자적인 사고 방법이 없다면서 "있는 것은 '강도의 차이'뿐이다!"라고 했다. "자신들의 문제에 대해 평소보다 좀 더 과잉되게 생각하고 싶어 하는 사람들이 있는데 그런 사람들과 함께 생각한다. 이때 철학적 사고의 '응용' 방법도 그 자리에서 시행 착오하면서 만든다"라고 한다. 나는 '응용'이라는 사고방식에 있어서는 철학 이론이라는 것이 사회가 안고 있는 다양한 난제와는 별도로 존재하고 그 이론을 현장에서 발생하고 있는 문제에 어떻게 적용할 것인지가 문제 설정이 되므로, '현장'에서 문제를 포착하는 철학의 '임상'과는 비슷하나 다른 것이라고 생각해왔다. 다만 그들 자신도 이 '선언'에서 통상 '응용'이라고 하는 조작과는 다른 것으로서 ─예를 들어 다른 학술 영역을 매개하는 이문화 커뮤니

케이션으로서 혹은 이론가의 주장과 현장 당사자의 주장 간의 번역으로서 혹은 현장의 자기 검증 작업을 돕는 것으로서 어디까지나 쌍방향성에 있어서— 임상을 파악하려고 하고 있으므로, 여기에서는 '임상'과 '응용'의 차이에 세밀하게 집착하는 것은 삼가도록 하겠다.

도다야마가 한 '자신들의 문제에 대해 평소보다 좀 더 과잉되게 생각하고 싶어 하는 사람들'이라는 말에서 '과잉되게 생각하다'는 것은, 지금까지 살펴본 '보다 근원적으로 생각하고 싶다', '더 깊이 생각하고 싶다'는 표현과 크게 다른 것을 의미하지 않는다. '보다 근원적으로 생각하다'는 것은 때로는 현재의 사고에 숨어 있는 전제를 묻는 것이고, 때로는 익숙한 틀로 세계를 보는 것이 아니라 경험에 귀 기울여 보다 농밀한 기술을 시도하는 것이며, 무언가를 확실하다고 말할 수 있는 근거를 논리적으로 규명하는 것이기도 하고, 나아가 '깊이'라는 관념은 환상에 지나지 않는다는 것까지 포함해 '보다 깊이 생각'함으로써 애당초 무엇을 추구하고 있는지를 캐묻는 것이기도 할 것이다.

도다야마는 그것을 다음과 같이 잠정적으로 정식화
하였다.

· 메타적으로 생각한다.

· 개념을 분석한다.

· 개념을 개념사 속에서 생각한다.

· 주장이 옳은지보다 정당화되었는지에 집중한다.

· 주장 간의 논리적 귀결 관계, 정합성을 체크한다.

· 사고 실험을 통해 가능성과 필연성에 대해 생각한다.

위의 사항은 말할 것도 없이 과학의 모든 기초 연구가
갖추지 않으면 안 되는 사고 태도이기도 하다. 철학만
의 고유한 사고법이 아니다. '평소보다 좀 더 과잉되게
생각하고 싶어 하는 사람들'이라는 도다야마의 표현이
여기서 더욱 적절하다고 생각되는 이유는 이러한 사고
법이 철학연구자를 비롯한 연구자 일반의 전매특허가
아니라 '평소보다 좀 더 과잉되게 생각하고 싶은 사람
들' 모두에게 개방되어 있는 것이란 점을 강조하고 있기

때문이다. '현장'의 사고에 철학연구자가 참가함으로써 '그 사고가 좀 더 조리 있어질지도 모르겠다. 좀 더 시야가 넓어질지도 모르겠다. 좀 더 비판적이 될지도 모르겠다. 그랬으면 좋겠다'고 도다야마는 앞의 인용에 이어서 말했다.

'자신들의 문제에 대해 평소보다 좀 더 과잉되게 생각하고 싶어 하는 사람들'의 '반주자伴走者'로서 지구행성과학을 중심으로 생물학자와 신경과학자와 함께 '전全 지구사 해독' 프로젝트를 하기도 하며, 기업으로부터 기술자 윤리 연수 프로그램과 교재 개발을 요청받은 도다야마와는 그야말로 대조적인 필드에서 마찬가지로 '반주자'가 되려고 한 사람이 앞에서도 언급한 카페 필로의 대표자 마쓰카와 에리이다.

그녀는 대학원생 때부터 10년간 3살 이하의 자녀가 있는 엄마들의 육아 동호회에서 철학 카페를 개최했다. 육아라는 소용돌이의 한복판, 즉 인생에서 가장 여유가 없는 시기에 그것도 아이를 데리고 충분히 '철학' 논의를 할 수 있을까 하고 주위는 우려했지만, 논의 중에

는 다른 방에 있는 보모에게 아이들을 맡기고 잠시 '엄마'라는 입장에서 벗어나 다른 시점에서 자신들의 말과 행동을 재조명하는 시간을 가질 수 있도록 궁리했다. 2004년 1월에 있었던 제1회 카페 주제는 '육아에 필요한 인간관계'였다. 소위 '엄마 친구ママ友'(아이를 키우는 엄마라는 공통점으로 형성되는 엄마끼리의 친구 관계로, 주로 공원 등에서 만나 엄마 친구가 되는 경우가 많다. 엄마 친구 간에 다양한 문제가 발생하고 있어 이를 엄마 친구 지옥이라고 부르기도 한다-역자 주)와 관련된 고민에 대해 이야기했다. 상담실처럼 즉시 무언가 구체적인 어드바이스를 해주지는 않는다. 각자 고민을 털어놓는 사이에 "엄마 친구라는 게 뭐지?", "엄마 친구도 친구인가?" 등의 물음을 제기했고, 자신들의 고민의 근원이 되는 생각과 판단을 탐색하기 시작했다. 자신들이 당연시하며 지금까지 불문에 부쳐왔던 전제를 새삼스럽게 다 같이 해제하고 되물어 나갔다. 지금은 임산부와 선배 엄마들, 보육사와 학생, 직장인, 정년퇴직자도 참가하고 있다고 한다.

그럼 '친구를 분류할 수 있을까?'로 주제를 수정해 다른 날 다시 철학 카페를 개최했다. 이때 '엄마 친구'와의 관계로 고민 중인 점에 대해 돌아가면서 토로하던 중 참가자 한 명이 "근데 엄마 친구가 뭐지?"하고 중얼거렸다. 다들 '엄마 친구'라고 하니까 '엄마 친구'라고 생각했었는데, 새삼 그것이 무엇인지에 대해 아무도 생각해본 적이 없다는 사실에 모두 당황했다. 그때까지 자기 친구와 아이랑 관련된 친구는 다르다고 모두 당연하다는 듯 말했지만, 확실히 아이랑 관련된 친구에도 여러 가지 종류가 있어 유치원 엄마들이나 수영 학원 엄마들은 '엄마 친구'라고 하지 않고 '공원에서 만난 엄마'들만 '엄마 친구'라고 부른다는 사실을 깨달았다. "아까는 '친구에는 내 친구와 아이랑 관련된 친구의 2종류가 있다'고 했었는데, 더 잘게 나누면 아이랑 관련된 친구에도 여러 가지 종류가 있네요"라는 의견이 나오자, 다른 한 명이 "그러고 보면 학창시절 친구에도 종류가 있었어. 같은 반 친구, 동아리 친구, 알바 친구……"라고 말을 이었다. 이를 기점으로 "아이랑 관련된 친구는 선택할 수 없지만 내 친구는 선택할 수 있다고 믿고 있었는데, 꼭

298

그렇지도 않은 것 같아요"라는 의견이 나왔고, 마지막
으로 "이유 없이도 서로 연락하며 지내고 싶은 사람과
의 관계만 자연스럽게 남는다", 그것이 '친구'일지 모르
겠다는 이야기로 그날 논의는 일단 마무리됐다. 그리고
마쓰카와는 이렇게 끝맺었다.

철학 카페에서는 자신이 무심코 뱉은 말이 다른 사람의 입
을 통해 되돌아올 때 자그마한 발견과 시점 전환이 이루어지
기도 한다. 자신이 무심코 뱉은 말의 의미에 대해 누군가가 물
으면 그에 대해 설명하려고 새삼스럽게 생각하게 된다. 그리
고 이를 말로 표현할 때 보이지 않던 전제와 사고의 틀이 보이
게 된다. 이것이야말로 철학 카페의 묘미다!

(전게서 『철학 카페 만드는 법』)

마쓰카와는 철학 카페 참가자가 주의해야 할 사항으
로서 신기하게도 도다야마와 마찬가지로 다음의 6조항
을 들고 있다.

· 자신이 표현하고 싶은 것을 상대에게 전달될 만한 말로
  제대로 표현했는가?
· 상대가 표현하고자 하는 것을 정확하게 이해했는가?
· 자신의 생각이 정말로 옳은가?
· 그것은 어떤 신념과 가치관을 전제로 하는가?
· 무언가 간과하고 있는 점은 없는가?
· 진짜 문제는 무엇인가?

　한쪽은 메타적 사고와 개념 분석이라는 특질과 정합성 및 정당성에 집중할 것을 들었고, 다른 한쪽은 '제대로'와 '정확하게' 이해하고 있는지와 거기에 어떤 전제가 있는지를 중시하는 등, 표현 방식은 꽤 다르지만 모두 철학적 사고의 특질로서 사고의 강도를 더욱 높여야 함을 강조한다는 점에 주목할 만하다. 이 강도는 기존의 지평에서 논리를 면밀하게 따져나가는 것이 아니라 물음의 지평 자체를 갱신하는 것이고 또 묻는 방식 자체도 점검하며 진행하는 것이므로, 거기에 하나의 척도로 측정할 수 있는 강도라는 게 있는 것은 아니다. 그

강도는, 앞장에서 우리가 했던 표현 방식으로 말하자면 지금까지 세상을 보던 방식 밖에 있는 징후를 읽으면서 항상 전체에 주의를 기울이고(철학의 임상(1)), 아직 목소리가 되지 않은 타자의 목소리까지 배려하면서 —타자의 목소리를 기다리는 배려(케어)를 하면서— 타자의 시점과 계속 조율하는(철학의 임상(2)) 태도로 그때마다 시험하고 확인할 수밖에 없다. 일본 대학의 철학 교육은 지금까지 살펴본 바와 같이 '연구'로 방향이 정해져 있어 이같은 '철학을 사용하는' 훈련은 등한시하고 있다.

꾸물거릴 권리

대학 안팎을 불문하고 '현장'의 사고에 합류할 때 철학은 첫 단계에서 곧잘 '발목을 붙잡는' 역할을 할 때가 많다. 추론 과정에서 이야기가 순조롭게 진행되고 있을 때 꼭 "그게 무슨 뜻이죠?", "어째서 그렇게 말할 수 있는 거죠?"라는 물음을 던지므로 자칫 거북스러운 존재로 여겨지기 쉽다. 하지만 문제를 덮고 있는 것을 벗기거나 혹은 논의에 숨어 있는 전제를 명백히 드러냄으로써 문제를 보다 정확하게 재조직하기 위해서는 마치 등에처럼 논의에 집요하게 들러붙는 역할을 하는 존재가 있는 편이 낫다.

지금 사회에서는 누구나 당연하게 느끼고 있지만, 조금만 생각해보면 이상함을 바로 알 수 있는 것이 많다. 생각나는 대로 예를 들어보자면, 왜 옷을 헤질 때까지 입지 않는가? 왜 아직 더 입을 수 있는데 이제는 못 입겠다며 새로 사는가? 왜 언제 떨어질지도 모르는 높은 곳에서 자동차나 모노레일을 타는가? 가족의 형태는 이렇게나 다양해졌는데 아파트 구조는 왜 다 똑같은가? 왜 나이가 같은 사람하고밖에는 친구가 될 수 없는가? 왜 학교에서는 모르는 사람이 아니라 알고 있는 사람(교사)이 모르는 사람(학생)에게 질문하는가……? 이런 물음을 길게 늘어놓으면 이론만 늘어놓는다며 비난한다. 또는 왜 나만 병에 걸렸지? 일하는 의미를 모르겠는데 왜 일하지 않으면 안 되지? 왜 성공해야 하지? 이런 물음에

는 당연한 것은 묻지 말라거나, 답이 없으니까 생각해
봐야 시간 낭비라고 한다.

하지만 현실 문제 대부분은 중요한 문제일수록 답이
즉시 나오지 않으며, 답이 하나라고 단정 지을 수도 없
으며, 어쩌면 죽을 때까지 정답을 찾지 못할지도 모른
다. 게다가 생각하면 할수록 여러 가지 보조선이 보여
서 문제는 점점 복잡해지고 까다로워진다. 따라서 서둘
러 의사擬似적인 답(이야기)으로 결론짓지 않고 '이것도 아
니고 저것도 아니야!'라며 집요하게 논리를 따지기 위
해서는 무호흡 상태로 잠수를 계속할 수 있는 사고의
체력이 필요하다. 복잡성의 증대를 참고 견디면서 불확
실한 상태에 계속 있을 수 있는 지적 체력이 필요하다.
이것을 제1장에서는 '사고를 비축한다', '지성의 폐활량
을 늘린다'는 식으로 표현했다.

이는 이데올로기가 만들어내는 잘 짜여진 이야기에
발목 잡히지 않기 위한 것이기도 하다. 이데올로기란
'그 누구도 정면으로 반대할 수 없는 사상'이다. 현대로
말하자면 예를 들어 '지속가능성sustainability' 같은 사고

이다. 이것이 인류가 키워온 제반 가치 중 무엇을 유지하고 무엇을 버릴 것인가에 대한 최종적 선택을 명시하고 있다고는 생각하지 않는다. '다양성'의 논리는 어째서 인격에 한해서는 통합을 말하며 반대로 다중인격을 병으로 간주하는지의 귀추를 끝까지 파고들지 않았다. '안심·안전'의 추구는 그것이 필연적으로 감시 사회를 초래한다는 것을 직시하려고 하지 않는다. '커뮤니티'에 대한 찬양은 일찍이 사람들이 어떤 이념과 정념의 공유로 성립되는 커뮤니티에서 탈출함으로써 '자유'를 경험했다는 사실을 명확하게 총괄하지 않으려고 한다. 이 밖에도 '공공성'이라든가 '정보 공개' 등 근거도 밝히지 않고 또 그 주장의 지정학적 의미도 묻지 않고 유통되고 확대되고 있는 개념이 많다.

그러면 즉시 "그러면 그런 폐활량을 늘리기 위해서는 어떻게 해야 하나요?"라고 질문할 것이다. 그런데 "그러면 어떻게 해야 하나요?"라며 즉시 해답을 요구하는 기질이 제일 문제이다. 이런 기질은 근대인 특유의 '성급함'(엘리 자레츠키Eli Zaretsky)으로서 특징지어지는 것이다. 꾸

304

물거리며 불분명한 태도를 취하는 것을 '주체성'의 결여로 보는 기질이다. 세밀한 뉘앙스와 복잡하게 얽힌 맥락을 하나하나 고려하면서 이것에 관한 다른 의견도 듣고 이것들을 천천히 비교·대조하면서 처음에는 어렴풋하지만 이윽고 논리의 입체적인 광경이 또렷하게 보이게 될 때까지 기다리지를 못한다. 기다리지 못하고 이해하기 쉬운 논리로 뛰어드는 것이다. 알기 쉬운 논리로 위장한 '이야기'는 사태를 제대로 파악하지 못할 때의 답답함과 초조함에 일단락을 지어 주기 때문이다.

이때 기피되는 것은 이것저것 꾸물거리며 생각하고 고민하는 시간이다. 즉시 답을 내리지 않고 중립적으로 표류하며 있을 수 있는 장소이다. '꾸물거린다'는 것은 결단을 내리지 못하고 결론을 미루는 사이에 이윽고 '자연'스럽게 이끌려 흘러갈 것 같은 예감에 휩싸인 사람의 망설임과 머뭇거림의 표시이다. 몸이 찢겨 나가는 것만 같은데 한심하게도 언제까지고 결심이 서지 않는다. 어중간한 상태이다 보니 당연히 힘도 들어가지 않는다. 기합이 들어가지 않은 해이한 모습을 그대로 드러낸다.

답답할 정도로 느려터지고 뭔가 투덜투덜 거릴 뿐 시간이 지나도 대관절 하고 싶은 말이 뭔지 알 수가 없다. 그렇다. '꾸물거리는 성격'만큼이나 짜증나게 만드는 사람이다. 빠릿빠릿하지 않고, 맺고 끊는 맛이 없으며, 매가리 없이 그저 같은 장소를 당당하게 빙빙 돌기만 하며 초조해하지도 않는 사람이 꼭 말길도 못 알아듣고 음침하게 불평만 늘어놓는다. 즉 '칭얼거린다.'

하지만 '꾸물거리며' 고민하는 것은 우리가 포기해선 안 되는 권리 중 하나이다. 그것은 문제를 앞에 두고 자신의 의사를 정하기 전에 충분한 시간적 유예를 부여받을 권리라고도 할 수 있다. 이것을 마땅히 권리로 간주해야 하는 것은, 사람이 무언가 어떤 중요한 문제에 관한 의견 혹은 의사 결정을 요구받았지만 자신도 문제를 잘 파악할 수 없을 때 그에 관한 더 많은 정보를 얻기 위한 시간 혹은 타인의 조언이나 전문가의 세컨드 오피니언을 충분히 얻기 위한 시간, 자신이 잘 설명할 수 없는 것이나 고민하고 있는 것을 타자에게 충분히 말할 시간, 그리고 이를 통해 이윽고 어떤 결정을 내리게 될 때까지 이것도 아니고 저것도 아니라며 고민하는 과정—
이 과정은 언제든 정정 가능하도록 개방되어 있다—을
인정받지 않으면 안 되기 때문이다.

이것을 권리로 파악할 때 명심해야 하는 것은 이해라
는 것이 시간적인 것이라는 점이다. 예를 들어 젊은 시
절에는 만약 답을 찾지 못하면 살 수 없다고까지 생각
했던 문제가 나이가 들면서 퇴색되기도 한다. 혹은 그
때는 몰랐지만 이제는 알게 되는 경우도 있다. 또 하나
가 보이게 되면 그것이 다른 문제로 파급돼 다른 모든
사안을 한 번 더 하나에서부터 묻지 않으면 안 되게 되
기도 한다. 이러한 과정에서 내부적 저항도 여러 차례
일어난다……. 이처럼 이해라고 하는 것은 지그재그로
나아간다. 이때는 한 번에 딱 끊어지는 논리보다 씹어
도 씹어도 끊어지지 않는 논리가 더 중하다. 매끄러운
말에는 반드시 무언가 문제를 피하고 있거나 혹은 슬쩍
바꿔놓은 부분이 있다. 이해에는 알다, 이해하다, 분별
하다 혹은 통감하다, 납득하다 등 다양한 양태가 있다.
그 언저리가 보일 때까지 꾸물꾸물 꾸준히 생각하는 자

세야말로 앞서 말한 '철학하는 것'의 강도가 있다. 시대
는 좀처럼 이를 용납하려고 하지 않지만 그 시간만큼은
깎아서는 안 된다. 그 시간이야말로 인생 자체이기 때
문이다.

철학의 임상성

세계라는 현상과 그 구조에 접근하는 단 하나의 궁극
적인 시점 같은 것은 없다. 세계 이해가 복수의 시점을
필요로 한다면 그 탐구 전체를 살피는 철학의 탐구에도
다양한 시점과 다양한 형태가 있어도 될 것이다. 철학
이 하나일 필요는 없다. 그러한 철학의 가능성 중 하나
이자 가장 기초적인 하나로서 나는 '철학의 임상'이라는
작업을 생각하고 그것을 '임상 철학'이라고 명명했다.
철학의 이러한 대안을 본서에서는 '철학을 사용하는 법'
으로서 묘사했다.

흔히 '일본인은 보통 사람이 뛰어나다'고 말한다. 거

리에 있는 '보통 사람'의 능력이 뛰어나기 때문에 무능한 사람이 리더가 되더라도 나름대로 해나갈 수 있는 사회라는 것이다(나카이 히사오 『쇼와시대를 보내다昭和を送る』, 2013년 참조). 서구사회는 '보통 사람'을 시민으로, 나아가 인류 사회의 일원으로 단련시키기 위해 철학 교육을 이용해왔다. 일본의 철학은 '보통 사람'을 단련하는 데 거의 아무런 역할도 하지 않고 있다. 여기에 일본 철학의 병리가 있었다고 생각한다.

철학이 우리 세계 이해의 균열과 틈새에 손을 찔러넣어 그것을 뒤집지는 못할지라도 그 상태를 수정하는 것이라고 한다면, 끝까지 그 작업을 하는 사람은 그것을 하기에 가장 불리한 곳에 있는 사람일지 모른다. 예를 들어 말이 서툰 사람, 열등감을 느끼고 있는 사람, 우울한 사람, 핸디캡이 있는 사람, 서툴게밖에는 살지 못하는 사람……. 위화감이 있지만 그 위화감을 표현하지 못하는 사람, 애당초 대화의 무대에 오르지 못하는 사람들이다. 혹은 자신의 삶은 왜 항상 이럴 수밖에 없는 것인지……, 그 숨 막히는 답답함에 번민하고 있는 사람이다. 그 사람들이 '왜 이렇게 됐지?' 하고 물음을 던지고 거기서부터 다시금 삶의 중심축이 될 수 있는 것을 탐구하기 시작할 때 그런 형태로 일상의 한복판에서 문득 점프하려고 할 때 그 사람들 옆에서 '반주'하는 것이다. 칸트가 '이성의 공공적 사용'이라고 말했던 것도 그런 의미일지 모르겠다.

칸트는 『계몽이란 무엇인가Was ist Aufklärung』에서 이성의 '공공적 사용'과 '사적 사용'의 구별에 관해 썼다. 여기서 '이성'을 '지성'으로 바꾸어 읽자면 지성을 사적으로 사용하는 것은 지성을 자신의 개인적 이익을 위해 사용하는 것이 아니라 특정 사회와 집단 안에서 자신에게 배당된 지위와 입장에 따라 행동하는 것, 요즘 말로 표현하자면 할당된 직무를 무비판적으로 완수하는 것, 예를 들어 직장 내의 입장에 비추어 발언하는 것이다. 여기에서는 눈앞에 있는 질서와 제도의 존재 방식 자체의 근거에 대한 물음이 봉쇄되어 있다. 그것은 기존의 제도를 존속시키는 데 필요한 일을 할 때만 자신의 지성을 사용함으로써 스스로 기술적인 지성에 빠져 있는 것이다. 이에 반해 칸트가 말하는 이성의 공공적 사용이란 그러한 직무, 즉 어느 집단이나 조직 내에서 자신에게 배치된 지위와 직무에서 벗어나 '세계 시민 사회의 구성원'으로서 자신의 지성을 사용하는 것이다.

이러한 지성의 공공적 사용은, 물론 구체적인 사회 상황에는 다양한 역사적 문맥과 지정학적인 위치가 있으므로 그 상황에서 즉시 사용 방식을 이끌어낼 수는 없다. 철학연구자에 대해 말하자면 이때 그의 포지션은 '비치료적'이지 않을 수 없지만, 그렇다고 연구자라는 한 명의 직업인, 즉 한 명의 시민으로서의 책임을 피할수 있는 것도 아니다. 구체적인 사건에 직접적으로 '도움'이 되지는 않더라도 '도움'이 돼야 한다는 강압에 대해 '도움'이 된다는 것은 무엇인지를 생각하는 실천성은 적어도 갖고 있어야 한다. 혹은 사회의 니즈에 직접적으로 부응하는 것이 아니라 커다란 타임 스케줄 안에서 진정한 니즈는 무엇인지를 물어 밝힘으로써 당장은 도움이 안 되는 형태로 사회에 도움이 될 수도 있다. 그렇다. 이 사회가 품고 있는 다양한 문제를 해결하기 위한 예상치도 못한 발상의 저장고이자 무기 창고로서 도움이 되는 것이다.

그러한 실천성은 왜 그 사건을 철학이 대응해야 하는 문제로서 선택했는지에 대한 근거를 제시하는 가운데서 묻지 않으면 안 된다는 것은 확실하다. 하지만 이때 철학연구의 내적 필연성에 근거해 이를 물어서는 안 된다. 동시대를 살고 있는 사람 모두에게 주어진 그 문제에, 철학이라는 학술적인 작업은 일단 배제하고 대답한 다음 그 응답 안에서 그것을 철학에 주어진 문제로서 동시에 받아들이는 태도가 요구된다. 철학이 특정한 '현장'에 있으면서 전문성을 일단 배제한다는 것은 철학이 자신의 동일성에 집착하기보다 그에 앞서 즉각적으로는 예측할 수 없는 '현장'의 예기 불능하며 비결정적인 문제 상황에 몸을 드러낸다는 것이고, '현장' 사람들과의 상호 촉발 속에서 자신도 변할 준비가 되어 있다는 것을 의미한다. 그리고 바로 여기에 이성의 사적 사용을 금하는 칸트의 교훈도 있다고 생각된다.

2011년에 동일본대지진이 발생한 후 지진 피해 복구

및 후쿠시마 제1원전폭발사고 처리를 둘러싼 심포지엄에서 한 과학철학자가 청중에게 "어떤 전문가가 좋은 전문가라고 생각하세요?"라고 물었다. 돌아온 대답은 '고도의 지식을 갖고 있는 사람'도 '책임을 지는 사람'도 아닌 "같이 생각해주는 사람"이었다. 시민을 대신해 올바른 답을 내려주는 사람이 아니었다. 그 과학철학자에게 이런 이야기도 들었다. 어느 화산학 베테랑 연구자가 분화 예측에 실패했다. 보통이라면 그 학자에 대한 신뢰가 떨어지기 마련인데, 주민들의 신뢰는 그 후로도 흔들리지 않았다. "우리가 가을 명절 때 놀러 가고, 정월에 술 취해 있었을 때도, 선생님은 하루도 쉬지 않고 화구를 보러 갔던 걸 알고 있으니까." 전문가에 대한 신뢰의 뿌리는 어느 시대에든 학자가 지성을 자신의 이익을 위해 쓰지 않는다는 점에 있다. 그런데 이번 지진 대응에 있어서 정치가 및 관료, 전기사업 관계자, 공학연구자는 모두 오로지 자신의 직무에 '충실'한 행동밖에는 취하지 않았다. 지성을 '사적'으로 사용했다. 전문가에 대한 불신이 쌓였던 이유는 바로 이것 때문이다.

민주주의 수업——Philosophy to the people

철학 논의에는 상호 촉발이 있을 뿐 선생도 학생도 없다. 철학은 교실이 아니라 시민들의 '광장'에서 시도되어야 한다. 철학 논의가 만일 시민의 합의를 목표로 한다면 그 활동은 간접적이나마 사회 변화로 이어질 것이다. 하지만 철학적 대화가 추구하는 것은 합의가 아니다. 합의보다는 오히려 문제의 소재를 찾고 물음을 변경해가는 과정 자체를 공유하는 것에 있다. 이때 중요한 것은 '대등한 입장에서' 하는 것이다. 칸트가 이성의 공공적 사용이라고 말했던 것 또한 특정 직무나 사회적 입장에서 벗어나 한 명의 시민이자 인류의 구성원으로서 지성을 사용하는 것이고, 그런 의미에서 모두가 '대등한 입장에서' 문제에 임하는 것이다.

철학 카페 모임이 끝나고 가끔 설문조사를 실시하는 경우가 있는데, '철학 카페에 참가해야겠다는 생각을 어떻게 하게 됐습니까?'라는 질문에 '달리 이런 공간이 없어서'라고 대답했던 사람이 과거에 몇 명 있었다. 실제로 우리 사회에서 친구라고 하면 대개 동급생이나 동기생, 즉 나이가 같은 사람이다. 어째서 20살, 30살 차이가 나는 친구는 좀처럼 없는 걸까? 그것이 줄곧 이상했다. 아니, 애당초 시대의 현안에서 인생 고민에 이르기까지 중요한 문제를 남녀노소가 잠시 자신의 사회적 지위에서 벗어나 무릎을 맞대고 논의하는 장소가 이 사회에는 없다. 70대 노인이 고등학생하고 예를 들어 '가족이란 무엇일까?'라는 문제를 논의하는 것은 거의 상상조차 할 수 없다. 하지만 철학 카페에서는 그런 일이 일어난다. 그렇게 반복해서 이야기를 주고받다 두 사람은 친구가 될지도 모른다. 사회에 그러한 뜻밖의 접선을 긋는 것을 철학적 대화는 추구한다. 거기에 생긴 작은 틈새로 비집고 들어가 동시대에 일어나고 있는 다양한 문제와 곤란을 해결할 길을 스스로 짜내는 그런 관계가 생겨나길 바란다. 그것을 우리는 민주주의 수업이라고 부른다. 시민의 다양한 생각과 의견을 '여론public opinion'으로 전위시키는 시도라고 한다면 철학적 대화는 그 트레이닝 장소로서도 존재한다. 각자가 철학적 대화 속에서 자신을 다중화시키고, 통상의 사회적 질서 속에는 있을 수 없는 사람과 사람의 교차로를 열고, 거기에 대화의 네트워크를 설치하고자 한다면, 그것은 시민 생활의 근간을 강화하는 사회의 새로운 역선力線이 될 것이라고 믿는다. 그리고 철학의 그러한 가능성을 존 레논John Lennon의 노래 'power to the people'에 빗대어 'Philosophy to the people'이라고 부르고 싶다.

철학의 수칙——추상과 임상

바로 그럴 때 비로소 과거 철학자들의 방대한 텍스트가 연구자의 어두침침한 서고가 아닌, 시민의 무기 창고로서 환생한다. 철학자들의 한계까지 논의를 거듭한 사고의 궤적, 철학사 연구는 그러한 궤적을 '계보'처럼 그려내려고 해왔다. 하지만 '계보'란 사상의 계열이란 형태로의 배치이다. 그리고 배치는 그 이름constellation 그대로 별자리이고, 따라서 어떤 모양으로든 그릴 수 있다.

똑같은 것도 보는 사람에 따라 다르게 보이듯, 아니, 애당초 같은 것을 보고 있는지조차 확실하지 않은 것처럼, 철학 텍스트 무리 중 어떤 것은 지금까지 때로는 전경화前景化됐고 때로는 배경으로 밀려났으며 그 끝에 거의 영구적으로 소거되기도 했다. 그 수많은 텍스트 별자리를 다시 그려나가는 것은 철학의 대화에서 다른 발언자의 말에 귀 기울이며 자신의 말과 비교·대조해보고 때로는 자신의 말 자체를 바꿔나가는 과정과 사실 같다. 또 어느 지점에서 섬들의 배치를 그리든, 배를 타고 순회하는 도중에 엉뚱한 방향에서 혹은 파도 밑에서 뜻밖의 다른 군도나 수몰됐던 섬이 모습을 드러내면 지도를 크게 고쳐 그려야 되는 것처럼 철학의 임상 또한 마찬가지로 그러한 수정 과정을 더듬는다.

하지만 별자리로서 그려지는 역선이 잇는 별들은 '철학' 텍스트만으로 구성되는 것이 아니다. 다른 무수한 서적에 더해 메모와 낙서까지도 포함된다. 철학 고유의 논술 형식으로 철학의 윤곽을 표시할 수는 없다. 이들 텍스트 무리는 철학사라는 '계보'로 일의적으로 수렴시

킬 수 있는 것이 아니다. 걸레를 짜듯 이루어진 추상 작업을 지혜의 또 다른 대항 운동이 뒤에서 보강하고 있기 때문이다. 추상 작업과 임상 작업은, '개념 창조'와 '현지 조사'는 철학에서 꼬아놓은 새끼줄처럼 항상 표리를 이룬다. 혹은 이것을 사고의 왕상往相과 환상還相이라고 부른다면 두 가지 위상은 잇달아 발생하는 것이 아니라 동시적으로 진행되는 것이다.

　　이론가의 눈은 한편으로는 엄밀한 추상 조작에 집중하며, 다른 한편으로는 자기 대상의 바깥쪽에 무한의 광야를 이루고, 그 끝은 박명 속에 사라져가는 현실에 대한 어떤 체념과 조작 과정에서 떨어져 나가는 소재에 대한 애정이 거기에 끊임없이 동반된다. 이 체념과 남겨진 것에 대한 감수성이 자신의 지적 조작에 대한 냉철한 논리 의식을 배양하고, 나아가 열정적으로 이론화를 추진하고자 하는 충동을 불러일으킨다.

마루야마 마사오丸山眞男가 『일본의 사상日本の思想』에 남긴 이 글은 '철학을 사용하는 법'의 수칙이기도 하다.

에필로그——철학의 사자

넬슨 굿맨은 '어떤 것이 예술 작품인가?'라는 질문을 '어떤 것이 예술 작품이 되는 것은 어떤 경우인가?'로 바꾸어 '언제 예술이 되는가?'라고 물었다. 그를 따라서 나도 사고는 언제 '철학'이 되고 언제 '철학'으로서 이용되는가 하고 물었다.

구도 나오코工藤直子의 『철학의 사자てつがくのライオン』라는 시집이 있다. 그 표제작은 다음과 같이 시작된다.

사자는 '철학'이 마음에 든다. 달팽이가 사자란 짐승의 왕이고 철학적인 모습을 하고 있는 존재라고 가르쳐 주었기 때문이다.

'철학'이라는 것은 앉는 방법부터 중요하다고 하기에 여러 가지로 시험해보았다. 꼬리를 오른쪽으로 말고 배를 깔고 엎드려 앞다리를 포개고 얼굴은 오른쪽 위를 향해 쳐들었다. 그랬더니 저 멀리 바람에 흔들리는 나뭇가지가 보였다. 아무도 오지 않기에 포기하고 집에 가려던 차에 달팽이가 왔다.

"달팽이야, 안녕? 나는 오늘 철학이었어!"

"사자야, 안녕? 그거 잘됐네. 그래서 어땠니?"

"응. 이랬어."

사자는 철학했을 때의 모습을 보여주었다. 아까와 똑같이 목을 쭉 펴고 오른쪽 위를 올려다봤더니 붉게 물든 석양이 보였다.

"아아, 참으로 좋구나! 사자야, 너의 철학은 무척 아름답고 무척 훌륭해."

"그래? 무척…… 뭐라고……? 한 번 더 말해줄래?"

"응. 무척 아름답고 무척 훌륭해."

"그래? 내 철학이 무척 아름답고 무척 훌륭하다고? 달팽이야, 고마워."

사자는 어깨가 결리는 것도, 배가 고픈 것도 잊고, 가만히 철학인 채로 있었다.

시인 오사다 히로시長田弘는 '보이지만 아무도 보고 있지 않을 것을 보이게 하는 것이 시詩다'라고 말했는데 마찬가지로 '철학'에 대해서도 같은 말을 할 수 있을 것이다. 그렇게 생각하며 지금까지 철학이라는 '시도'에 집중해왔다. 하지만 그것에는 그 나름대로의 자세라는 것이 필요하고, 무엇보다 사람들이 그것을 뒷받침해주고 있다는 것을 잊어서는 안 된다. 철학은 언제까지고 답이 나오지 않는 사안에 대해 그래도 숨죽이고 계속 생각한다. '철학'이 되기 위해서는 그리고 '철학'이기 위해서는 따라서 상당한 폐활량과 집중력이 필요하다. 게다가 일상생활도 제대로 하면서 그 생활에 대해 생각하고자 하는 것이므로, 말하자면 하루 24시간 속에 25시간째 이후의 시간을 만들려고 하는 것이므로 어깨도 결릴 것이고 배도 고플 것이다. 하지만 그러다 보면 문득 일출은 아니더라도 '붉게 물든 석양'이 보이기도 한다. 그것을 바라보고 있는 것을 달팽이는 "무척 아름답고 무척 훌륭하다"고 칭찬해주었다.

나(우리)의 생명, 나(우리)의 존재는 다른 사람과의 존재 속에서 유지된다. 그러한 관계에서 벗어나면 사라지게 되는 법이다. 그러므로 내가 나로 계속 존재하기 위해서는 내가 나로서 사라지려고 하는 바로 그 순간 누군가가 나를 붙들어 주어야 한다. 기억하고 있어 주어야 한다. '인정하다'는 영어로 'recognize'라고 한다. 're-cognize'를 글자 그대로 풀면 '새롭게 알게 되다', '재인식하다'는 의미이다. 타자에 의해 다시금 존재를 인식 받을 때 사람은 존재할 수 있다. 예를 들어 철학 카페라는 광장에서 참가자들이 서로 그러는 것처럼 누군가 철학이라는 '시도'를 시작하려고 할 때 사람은 먼저 평가와 심사가 아니라 달팽이가 한 것과 같은 '존재의 승인'을 해주어야 한다. 그러한 'recognition'의 힘으로 사람은 재차 25시간째 작업에 들어갈 수 있다.

구도 나오코의 이 시는 그런 의미에서 '철학'의 뿌리는 사람들 사이에 있다는 것과 서재에서 하는 독백이 아니라 사람과 사람의 대화라는 것을 가르쳐주고 있다.

역자 후기

"아무것도 안 하고 싶다. 이미 아무것도 안 하고 있지만 더 격렬하게 아무것도 안하고 싶다"는 모 광고의 카피라이트로 대변되는 사회를 우리는 지금 살고 있다. 그중에서도 특히 격렬하게 하고 싶지 않은 것의 최고봉은 바로 '생각'이다. 지속적으로 생각하는 것만큼 괴로운 일은 없다. 생각은 두통과 불면증을 유발하고, 에너지를 고갈시키며, 우리를 쉽게 정신적으로 피폐시킨다. 그럼에도 불구하고 우리는 생각하지 않을 수 없다. 이럴 때 우리는 철학을 찾게 된다. 철학에 무언가를 은근히 기대한다. 고속으로 변화하는 시대 속에서 우리는 끊임없이 빠른 선택을 강요받는다. 머리를 쥐어뜯으며 어떻게 살아야 할지를 고민하기도 하고, 때론 자신의 삶 자체에 '내 인생은 왜 이 모양이지?', '대체 어떻게 해야 하는 건데?', '뭐가 정답이야?'라는 어제도 답을 찾지 못했던 그 질문을 오늘도 또 던진다. 답을 알고 싶어 인생 선배에게 조언을 구하기도 하고, 자기계발서를 읽기도 하고, 열성적으로 인문학 강의를 듣지만, 여전히 답답하기만 하다. 생각하기 싫은데도 자꾸만 생각이 피어난다.

이 책은 그런 우리에게 당장 결론을 내리지 않아도 괜찮다고 말해준다. 꾸물거리라고 한다. 사회의 요구에 즉각적이며 반사적으로 반응하지 말고, 내 안에서 문제가 입체적으로 보이게 될 때까지 알 수 없는 것은 알 수 없는 채로, 아직 모르겠는 것은 모르는 채 그대로 두라고 말한다. 또 우리의 삶과 직결되는 철학적인 질문에 대한 답은 철학자의 명언이나 책 속이 아니라 '사람'과 '사람과의 대화' 속에 있으며, 더 나은 삶을 살기 위해 새로운 도전을 시작할 때 제일 중요한 것은 우리가 서로를 응원하고 인정해주는 것이라고 조언하면서, 그것이 바로 철학을 위한 근간이라고 말한다. 아무쪼록 삶에 대한 근본적인 질문을 던져놓고 답을 찾지 못해 답답해하고 있는 독자가 새로운 생각의 지평, 새로운 세계의 지평으로 나아가는 데 이 책이 도움이 되길 바란다.

ㄴ0ㅣㄱ년 6월 옮긴이 김진희

주요 인용 문헌 일람 (인용순. 반복적으로 인용한 것은 초출만 표기)

〈제1장〉

· Philosophie terminals S et ES, Hatier, 2004
· 사카모토 다카시坂本尚志, 「바칼로레아 철학 시험은 무엇을 평가하고 있는가?—수험 대책 참고서를 통한 고찰バカロレア哲学試験は何を評価しているか?—受験対策参考書からの考察」, 『교토대학 고등교육연구京都大学高等教育研究』18호, 2012
· Georg Wilhelm Friedrich Hegel, 『법 철학 1法の哲学 1』, 후지노 와타리藤野渉・아카자와 마사토시赤沢正敏 역, 주오코론신샤中央公論新社, 2001
· Søren Aabye Kierkegaard, 『죽음에 이르는 병死に至る病』, 사이토 신지斎藤信治 역, 이와나미서점岩波書店, 1939
· Blaise Pascal, 『팡세パンセ』, 마에다 요이치前田陽一・유키 고由木康 역, 주오코론신샤中央公論新社, 1973
· José Ortega y Gasset, 『대중의 반역大衆の反逆』, 간키 게이이치神吉敬三 역, 가도카와쇼텐角川書店, 1967
· 야마구치 아키호山口明穂, 『일본어의 논리日本語の論理』, 다이슈칸쇼텐大修館書店, 2004
· 무라카미 류村上龍, 『러브&팝ラブ&ポップ』, 겐토샤幻冬舎, 1996
· 나카지마 요시미치中島義道, 『시간론時間論』, 지쿠마쇼보筑摩書房, 2002
· Karl Löwith, 『유럽의 니힐리즘ヨーロッパのニヒリズム』, 시바타 지사부로柴田治三郎 역, 지쿠마쇼보筑摩書房, 1974[초판 1948]
· Theodor Ludwig Wiesengrund Adorno, 『문학 노트 1文学ノート 1』, 산코 나가하루三光長治 외 역, 미스즈쇼보みすず書房, 2009[초판1978]

〈제2장〉

· 다니가와 간谷川雁, 「따뜻한 색의 비극暖色の悲劇」, 『아사히 저널朝日ジャーナル』, 1965년 11월 7일호(『다니가와 간의 일谷川雁の仕事』, 가와데쇼보신샤河出書房新社, 1996)

· Immanuel Kant, 『윤리 형이상학의 정초人倫の形而上学の基礎づけ』, 노다 마타오野田又夫 역, 『세계의 명저 32 칸트世界の名著32 カント』, 주오코론신샤中央公論新社, 1972

· W. Wieland, 「실천 철학과 과학론実践哲学と科学論」, 무라다 준이치村田純一 역, 『사상思想』 684호, 1981

· 후지사와 노리오藤沢令夫, 「실천과 관상実践と観想」, 『신이와나미 강좌 《철학》10新岩波講座《哲学》10』, 이와나미서점岩波書店, 1985

· 다나카 미치타로田中美知太郎, 『철학 입문哲学入門』, 고단샤講談社, 1976

· 쓰루미 슌스케鶴見俊輔, 『미국 철학アメリカ哲学』, 고단샤講談社, 1976[초판1950]

· 하마모토 미쓰루浜本満, 「문화상대주의의 대가文化相対主義の代価」, 『이상理想』 627호, 1985

· William James, 『철학의 근본 문제哲学の根本問題』, 우에야마 슌페이上山春平 역, 『세계의 명저 48 퍼스, 제임스, 듀이世界の名著48 パース ジェイムズ デューイ』, 주오코론신샤中央公論新社, 1968

· John Stuart Mill, 「세인트앤드류대학교 명예학장 취임 강연セント・アンドルーズ大学名誉学長就任講演」, 1867, 『대학 교육에 대하여大学教育について』, 다케우치 잇세이竹内一誠 역, 이와나미서점岩波書店, 2011

· Cornelius Castoriadis, 『미궁의 기로迷宮の岐路』, 우쿄 라이조宇京頼三 역, 호세이대학출판국法政大学出版局, 1994

〈제3장〉

· 나카이 히사오中井久夫,『징후·기억·외상徵候·記憶·外傷』, 미스즈쇼
  보みすず書房, 2004

· Carlo Ginzburg,『신화·우화·징후神話·寓意·徵候』, 다케야마 히로
  히데竹山博英, 세리카쇼보せりか書房, 1988

· Yvonne Bellenger,『몽테뉴―정신을 위한 축제モンテーニュ 精神のため
  の祝祭』, 다카다 이사무高田勇 역, 햐쿠스이샤白水社, 1993

· David Hume, "Of Essay Writing", in: The Essays Moral, Political and
  Literary of David Hume, 1741-42

· Walter Benjamin,『벤야민 컬렉션 2 에세이의 사상ベンヤミン·コレクシ
  ョン2 エッセイの思想』, 아사이 겐지로浅井健二郎 편역·해설, 지쿠마쇼
  보筑摩書房, 1996

· 가미야 미에코神谷美恵子,『가미야 미에코 콜렉션 2 인간을 발견하다神谷
  美恵子コレクション2 人間をみつめて』, 미스즈쇼보みすず書房, 2004

〈종장〉

· Nelson Goodman,『세계 제작의 방법世界制作の方法』, 스게노 다테키
  菅野盾樹·나카무라 마사유키中村雅之 역, 미스즈쇼보みすず書房, 1987

· 도다야마 가즈히사戸田山和久 외 편,『이것이 응용철학이다!これが応用
  哲学だ!』, 오스미쇼텐大隅書店, 2012

· 마루야마 마사오丸山眞男,『일본의 사상日本の思想』, 이와나미서점岩波
  書店, 1961

· 구도 나오코工藤直子,『철학의 사자てつがくのライオン』, 리론샤理論社,
  1982

철학을 사용하는 법

초판 1쇄 인쇄 2017년 7월 20일
초판 1쇄 발행 2017년 7월 25일

저자 : 와시다 기요카즈
번역 : 김진희

펴낸이 : 이동섭
편집 : 이민규, 오세찬, 서찬웅
디자인 : 조세연, 백승주
영업 · 마케팅 : 송정환
e-BOOK : 홍인표, 김영빈, 유재학
관리 : 이윤미

㈜에이케이커뮤니케이션즈
등록 1996년 7월 9일(제302-1996-00026호)
주소 : 04002 서울 마포구 동교로 17안길 28, 2층
TEL : 02-702-7963~5   FAX : 02-702-7988
http://www.amusementkorea.co.kr

ISBN 979-11-274-0844-2 04100
ISBN 979-11-7024-600-8 04080

TETSUGAKU NO TSUKAIKATA
by Kiyokazu Washida
Copyright ⓒ 2014 by Kiyokazu Washida
First published 2014 by Iwanami Shoten, Publishers, Tokyo.
This Korean edition published 2017
by AK Communications, Inc., Seoul
by arrangement with the Proprietor c/o Iwanami Shoten, Publishers, Tokyo.

이 도서의 국립중앙도서관 출판예정도서목록(CIP)은 서지정보유통지원시스템 홈
페이지(http://seoji.nl.go.kr)와 국가자료공동목록시스템(http://www.nl.go.kr/
kolisnet)에서 이용하실 수 있습니다. (CIP제어번호: CIP2017014849)

*잘못된 책은 구입한 곳에서 무료로 바꿔드립니다